VIVISECTION

ALBERT LEFFINGWELL

ALICIA EDITIONS

CONTENTS

PREFACE.	1
INTRODUCTION.	2
DOES VIVISECTION PAY?	10
VIVISECTION.	40
APPENDIX.	60

PREFACE.

To
A Memory of Friendship.

To the Century Company of New York, in the pages of whose magazine, then known as "SCRIBNER'S MONTHLY," the first of the following essays originally appeared in July, 1880, the thanks of the writer are due for permission to re-publish in the present form. For a like courtesy on the part of the proprietors of Lippincott's Magazine, in which the second paper was first published [Aug., 1884], the writer desires to make due acknowledgment.

INTRODUCTION.

The first of the Essays following appeared in "SCRIBNER'S MONTHLY," in July, 1880; and immediately became honored by the attention of the Medical Press throughout the country. The aggressive title of the paper, justified, in great measure, perhaps, the vigor of the criticism bestowed. Again and again the point was raised by reviewers that the problem presented by the title, was not solved or answered by the article itself.

At this day, it perhaps may be mentioned that the question—"Does Vivisection Pay?" was never raised by the writer, who selected as his title the single word "Vivisection." The more taking headline was affixed by the editor of the magazine as more apt to arrest attention and arouse professional pugnacity. That in this latter respect it was eminently successful, the author had the best reason to remember. With this explanation—which is made simply to prevent future criticism on the same point—the old title is retained. If the present reader continues the inquiry here presented, he will learn wherein the writer believes in the utility of vivisection, and on the other hand, in what respects and under what conditions he very seriously questions whether any gains can possibly compensate the infinitely great cost.

"What do you hope for or expect as the result of agitation in regard to vivisection?" recently inquired a friend; "its legal abolition?"

"Certainly not," was the reply.

"Would you then expect its restriction during the present century?"

"Hardly even so soon as that. It will take longer than a dozen years to awaken recognition of any evil which touches neither the purse nor personal comfort of an American citizen. All that can be hoped in the immediate future is education. Action will perhaps follow when its necessity is recognized generally; but not before."

For myself, I believe no permanent or effective reform of present practices is probable until the Medical Profession generally concede as dangerous and unnecessary that freedom of unlimited experimentation in pain, which is claimed and practiced to-day. That legislative reform is otherwise unattainable, one would hesitate to affirm; but it assuredly would be vastly less effective. You must convince men of the justice and reasonableness of a law before you can secure a willing obedience. Yielding to none in loyalty to the science, and enthusiasm for the Art of Healing, what standpoint may be taken by those of the Medical Profession who desire to reform evils which confessedly exist?

I. We need not seek the total abolition of all experiments upon living animals. I do not forget that just such abolition is energetically demanded by a large number of earnest men and women, who have lost all faith in the possibility of restricting an abuse, if it be favored by scientific enthusiasm. "Let us take," they say, "the upright and conscientious ground of refusing all compromise with sin and evil, and maintaining our position unflinchingly, leave the rest to God." [1]This is almost precisely the ground taken by the Prohibitionists in national politics; it is the only ground one can occupy, provided the taking of a glass of wine, or the performance of any experiment,—painless or otherwise,—is of itself an "evil and a sin." There are those, however, who believe it possible to oppose and restrain intemperance by other methods than legislative prohibition. So with the prohibition of vivisection. Admitting the abuses of the practice, I cannot yet see that they are so intrinsic and essential as to make necessary the entire abolition of all physiological experiments whatsoever.

II. We may advocate (and I believe we should advocate)—*the total abolition, by law, of all mutilating or destructive experiments upon lower animals, involving pain, when such experiments are made for the purpose of public or private demonstration of already known and accepted physiological facts.*

This is the ground of compromise—unacceptable, as yet, to either party. Nevertheless it is asking simply for those limitations and restrictions which have always been conceded as prudent and fair by the medical profession of Great Britain. Speaking of a certain experiment upon the spinal nerves, Dr. M. Foster, of Cambridge University, one of the leading physiological teachers of England, says: "I have not performed it and have never seen it done," partly because of horror at the pain necessary. And yet this experiment has been performed before classes of young men and young women in the Medical Schools of this country! Absolutely no legal restriction here exists to the repetition, over and over again, of the most atrocious tortures of Mantegazza, Bert and Schiff.

This is the vivisection which does not "pay,"—even if we dismiss altogether from our calculation the interests of the animals sacrificed to the demand for mnemonic aid. For the great and perilous outcome of such methods will be—finally—an atrophy of the sense of sympathy for human suffering. It is seen to-day in certain hospitals in Europe. Can other result be expected to follow the deliberate infliction of prolonged pain without other object than to see or demonstrate what will happen therefrom? Will any assistance to memory, counterweigh the annihilation or benumbing of the instinct of pity?

Upon this subject of utility of painful experiments in class demonstrations or private study, I would like to appeal for judgment to the physician of the future, who then shall review the experience of the medical student of to-day. In his course of physiological training, he or she may be invited to see living animals cut and mutilated in various ways, eviscerated, poisoned, frozen, starved, and by ingenious devices of science subjected to the exhibition of pain. On the first occasion such a scene generally induces in the young man or young woman a significant subjective phenomenon of physiological interest; an involuntary, creeping, tremulous sense of horror emerges into consciousness,—and is speedily repressed. "This feeling," he whispers to himself, "is altogether unworthy the scientific spirit in which I am now to be educated; it needs to be subdued. The sight of this inarticulate agony, this prolonged anguish is not presented to me for amusement. I must steel myself to witness it, to assist in it, for the sake of the good I shall be helped thereby to accomplish, some day, for suffering humanity."

Praiseworthy sentiments, these are, indeed. Are they founded in reality? No. The student who thus conquers "squeamishness" will not see one fact thus demonstrated at the cost of pain which was unknown to science before; not one fact which he might not have been made to remember without this demonstrative illustration; *not one fact* —saddest truth of all—that is likely to be of the slightest practical service to him or to her in the multiplied and various duties of future professional life. Why, then, are they shown? To help him to remember his lesson! Admit the value to the student, but what of the cost?

In one of the great cities of China, I was shown, leaning against the high wall of the execution ground, a rude, wooden frame-work or cross, old, hacked, and smeared with recent blood-stains. It was used, I was told, in the punishment of extreme offenses; the criminal being bound thereto, and flayed and cut in every way human ingenuity could devise for inflicting torture before giving an immediately mortal wound. Only the week before, such an execution had taken place; the victim being a woman who had poisoned her husband. A young and enthusiastic physician whom I met, told me he had secured the privilege of being an eye witness to the awful tragedy, that he might verify a theory he had formed on the influence of pain; a theory perhaps like that which led to Mantegazza's crucifixion of pregnant rabbits with *dolori atrocissimi*.[2] Science here caught her profit from the punishment of crime, but the gain would have been the same had her interest alone been the object. There is *always* gain, always some aid to memory;—*but what of the cost?*

It cannot be expected that any Medical College, of its own accord and without outside pressure, will restrict or hamper its freedom of action. As a condition of prosperity and success it cannot show less than is exhibited by other medical schools; it must keep abreast of "advanced thought," and do and demonstrate in every way what its rivals demonstrate and do. There can be no question but that there is to-day a strong public demand for continental methods of physiological instruction. Who make this demand? You, gentlemen, students of medicine, and they who follow in your pathway. This year it is you who silently request this aid to your memory of the physiological statements of your text books; another year, another class of young men and young women, occupying the same benches, or filling the same laboratory, repeats the demand for the same series of illustrations. You, perhaps, will have gone forward to take your places in active life, to assume the real burdens of the medical profession. To those succeeding years of thought, reflection and usefulness, let me appeal, respecting the absolute necessity of all class demonstrations and laboratory work involving pain. Postpone if you please, the ready decision which, fresh from your classroom, you are perhaps only too willing to give me to-day; I do not wish it. But some time in the future, after years have gone by, remembering all you have seen and aided in the doing, tell us if you can, exactly wherein you received, in added potency for helping human suffering and for the treatment of human ills, the equivalent of that awful expenditure of pain which you are now demanding, and which by unprotesting acquiescence, you are *to-day* helping to inflict.

Boston, Mass.,
March, 1889.

---

1. Report of American Anti-Vivisection Society, Jan'y 30, 1888.
2. See Appendix.

DOES VIVISECTION PAY?

[FROM SCRIBNER'S MONTHLY, JULY, 1880.]

The question of vivisection is again pushing itself to the front. A distinguished American physiologist has lately come forward in defense of the French experimenter, Magendie, and, parenthetically, of his methods of investigation in the study of vital phenomena. On the other hand, the Society for the Prevention of Cruelty to Animals made an unsuccessful attempt, in the New York Legislature last winter, to secure the passage of a law which would entirely abolish the practice as now in vogue in our medical schools, or cause it to be secretly carried on, in defiance of legal enactments. In support of this bill it was claimed that physiologists, for the sake of "demonstrating to medical students certain physiological phenomena connected with the functions of life, are constantly and habitually in the practice of cutting up alive, torturing and tormenting divers of the unoffending brute creation to illustrate their theories and lectures, but without any practical or beneficial result either to themselves or to the students, which practice is demoralizing to both and engenders in the future medical practitioners a want of humanity and sympathy for physical pain and suffering." How far these statements are true will be hereafter discussed; but one assertion is so evidently erroneous that it may be at once indicated. *No* experiment, however atrocious, cruel and, therefore, on the whole, unjustifiable, if performed to illustrate some scientific point, was ever without "any beneficial result." The benefit may have been infinitesimal, but every scientific fact is of some value. To assert the contrary is to weaken one's case by overstatement.

Leaving out the brute creation, there are three parties interested in this discussion. In the first place, there are the professors and teachers of physiology in the medical colleges. Naturally, these desire no interference with either their work or their methods. They claim that were the knowledge acquired by experiments upon living organisms swept out of existence, in many respects the science of physiology would be little more than guesswork to-day. The subject of vivisection, they declare, is one which does not concern the general public, but belongs exclusively to scientists and especially to physiologists. That the present century should permit sentimentalists to interfere with scientific investigations is preposterous.

Behind these stand the majority of men belonging to the medical profession. Holding, as they do, the most important and intimate relations to society, it is manifestly desirable that they should enjoy the best facilities for the acquirement of knowledge necessary to their art. To most, the question is merely one of professional privilege against sentiment, and they cannot hesitate which side to prefer. In this, as in other professions or trades, the feeling of *esprit de corps* is exceedingly strong; and no class of men likes interference on the part of outsiders. To most physicians it is wholly a scientific question. It is a matter, they think, with which the public has no concern; if society can trust to the profession its sick and dying, they surely can leave to its feeling of humanity a few worthless brutes.

The opinion of the general public is therefore, divided and confused. On the one hand, it is profoundly desirous to make systematic and needless cruelty impossible; yet, on the other, it cannot but hesitate to take any step which shall hinder medical education, impede scientific discovery, or restrict search for new methods of treating disease. What are the sufferings of an animal, however acute or prolonged, compared with the gain to humanity which would result from the knowledge thereby acquired of a single curative agent? Public opinion hesitates. A leading newspaper, commenting on the introduction of the Bergh bill, doubtless expressed the sentiment of most people when it deprecated prevention of experiments "by which original investigators seek to establish or verify conclusions which may be of priceless value to the preservation of life and health among human beings."

The question nevertheless confronts society,— and in such shape, too, that society cannot escape, even if it would, the responsibility of a decision. Either by action or inaction the State must decide whether the practice of vivisection shall be wholly abolished, as desired by some; whether it shall be restricted by law within certain limits and for certain definite objects, as in Great Britain; or whether we are to continue in this country to follow the example of France and Germany, in permitting the practice of physiological experimentation to any extent devised or desired by the experimentalist himself. Any information tending to indicate which of these courses is best cannot be inopportune. Having witnessed experiments by some of the most distinguished European physiologists, such as Claude Bernard (the successor of Magendie), Milne-Edwards and Brown-Sequard; and, still better (or worse, as the reader may think), having performed some experiments in this direction for purposes of investigation and for the instruction of others, the present writer believes himself justified in holding and stating a pronounced opinion on this subject, even if it be to some extent, opposed to the one prevailing in the profession. Suppose, therefore, we review briefly the arguments to be adduced both in favor of the practice and against it.

Two principal arguments may be advanced in its favor.

I. It is undeniable that to the practice of vivisection we are indebted for very much of our present knowledge of physiology. This is the fortress of the advocates of vivisection, and a certain refuge when other arguments are of no avail.

II. As a means of teaching physiological facts, vivisection is unsurpassed. No teacher of science needs to be told the vast superiority of demonstration over affirmation. Take for instance, the circulation of the blood. The student who displays but a languid interest in statements of fact, or even in the best delineations and charts obtainable, will be thoroughly aroused by seeing the process actually before his eyes. A week's study upon the book will less certainly be retained in his memory than a single view of the opened thorax of a frog or dog. There before him is the throbbing heart; he sees its relations to adjoining structures, and marks, with a wonder he never before knew, that mystery of life by which the heart, even though excised from the body, does not cease for a time its rhythmic beat. To imagine, then, that teachers of physiology find mere amusement in these operations is the greatest of ignorant mistakes. They deem it desirable that certain facts be accurately fixed in memory, and they know that no system of mnemonics equals for such purpose the demonstration of the function itself.

Just here, however, arises a very important question. Admitting the benefit of the demonstration of scientific facts, *how far may one justifiably subject an animal to pain for the purpose of illustrating a point already known?* It is merely a question of cost. For instance, it is an undisputed statement in physical science that the diamond is nothing more than a form of crystallized carbon, and, like other forms of carbon, under certain conditions, may be made to burn. Now most of us are entirely willing to accept this, as we do the majority of truths, upon the testimony of scientific men, without making demonstration a requisite of assent. In a certain private school, however, it has long been the custom once a year, to burn in oxygen a small diamond, worth perhaps $30, so as actually to prove to the pupils the assertion of their text-books. The experiment is a brilliant one; no one can doubt its entire success. Nevertheless, we do not furnish diamonds to our public schools for this purpose. Exactly similar to this is one aspect of vivisection—it is a question of cost. Granting all the advantages which follow demonstration of certain physiological facts, the cost is pain—pain sometimes amounting to prolonged and excruciating torture. Is the gain worth this?

Let me mention an instance. Not long ago, in a certain medical college in the State of New York, I saw what Doctor Sharpey, for thirty years the professor of physiology in the University Medical College, London, once characterized by antithesis as "Magendie's *infamous* experiment," it having been first performed by that eminent physiologist. It was designed to prove that the stomach, although supplied with muscular coats, is during the act of vomiting for the most part passive; and that expulsion of its contents is due to the action of the diaphragm and the larger abdominal muscles. The professor to whom I refer did not propose to have even Magendie's word accepted as an authority on the subject: the fact should be demonstrated again. So an incision in the abdomen of a dog was made; its stomach was cut out; a pig's bladder containing colored water was inserted in its place, an emetic was injected into the veins,—and vomiting ensued. Long before the conclusion of the experiment the animal became conscious, and its cries of suffering were exceedingly painful to hear. Now, granting that this experiment impressed an abstract scientific fact upon the memories of all who saw it, nevertheless it remains significantly true that the fact thus demonstrated had no conceivable relation to the treatment of disease. It is not to-day regarded as conclusive of the theory which, after nearly two hundred repetitions of his experiment, was doubtless considered by Magendie as established beyond question. Doctor Sharpey, a strong advocate of vivisection, by the way, condemned it as a perfectly unjustifiable experiment, since "besides its atrocity, it was really purposeless." Was this repetition of the experiment which I have described worth its cost? Was the gain worth the pain?

Let me instance another and more recent case. Being in Paris a year ago, I went one morning to the College de France, to hear Brown-Sequard, the most eminent experimenter in vivisection now living—one who, Doctor Carpenter tells us, has probably inflicted more animal suffering than any other man in his time. The lecturer stated that injury to certain nervous centers near the base of the brain would produce peculiar and curious phenomena in the animal operated upon, causing it, for example, to keep turning to one side in a circular manner, instead of walking in a straightforward direction. A Guinea-pig was produced—a little creature, about the size of a half-grown kitten—and the operation was effected, accompanied by a series of piercing little squeaks. As foretold, the creature thus injured did immediately perform a "circular" movement. A rabbit was then operated upon with similar results.

Lastly, an unfortunate poodle was introduced, its muzzle tied with stout whip-cord, wound round and round so tightly that it must necessarily have caused severe pain. It was forced to walk back and forth on the long table, during which it cast looks on every side, as though seeking a possible avenue of escape. Being fastened in the operating trough, an incision was made to the bone, flaps turned back, an opening made in the skull, and enlarged by breaking away some portions with forceps. During these various processes no attempt whatever was made to cause unconsciousness by means of anæsthetics, and the half-articulate, half-smothered cries of the creature in its agony were terrible to hear, even to one not unaccustomed to vivisections. The experiment was a "success"; the animal after its mutilation *did* describe certain circular movements. But I cannot help questioning in regard to these demonstrations, *did they pay?* This experiment had not the slightest relation whatever to the cure of disease. More than this: it teaches us little or nothing in physiology. The most eminent physiologist in this country, Doctor Austin Flint, Jr., admits that experiments of this kind "do not seem to have advanced our positive knowledge of the functions of the nerve centers," and that similar experiments "have been very indefinite in their results." On this occasion, therefore, three animals were subjected to torture to demonstrate an abstract fact, which probably not a single one of the two dozen spectators would have hesitated to take for granted on the word of so great a pathologist as Doctor Brown-Sequard. Was the gain worth the cost?

This, then, is the great question that must eventually be decided by the public. Do humanity and science here indicate diverging roads? On the contrary, I believe it to be an undeniable fact that *the highest scientific and medical opinion is against the repetition of painful experiments for class teaching.* In 1875, a Royal Commission was appointed in Great Britain to investigate the subject of vivisection, with a view to subsequent legislation. The interests of science were represented by the appointment of Professor Huxley as a member of this commission. Its meetings continued over several months, and the report constitutes a large volume of valuable testimony. The opinions of many of these witnesses are worthy of special attention, from the eminent position to the men who hold them. The physician to the Queen, Sir Thomas Watson, with whose "Lectures on Physic" every medical practitioner in this country is familiar, says: "I hold that no teacher or man of science who by his own previous experiments, * * * has thoroughly satisfied himself of the solution of any physiological problem, is justified in repeating the experiments, however mercifully, to appease the natural curiosity of a class of students or of scientific friends." Sir George Burroughs, President of the Royal College of Physicians, says: "I do not think that an experiment should be repeated over and over again in our medical schools to illustrate what is already established."[1] Sir James Paget, Surgeon Extraordinary to the Queen, said before the commission that "experiments for the purpose of repeating anything already ascertained ought never to be shown to classes." [363.] Sir William Fergusson, F. R. S., also Surgeon to her Majesty, asserted that "sufferings incidental to such operations are protracted in a very shocking manner"; that of such experiments there is "useless repetition," and that "when once a fact which involves cruelty to animals has been fairly recognized and accepted, there is no necessity for a continued repetition." [1019.] Even physiologists—some of them practical experimenters in vivisection—join in condemning these class demonstrations. Dr. William Sharpey, before referred to as a teacher of physiology for over thirty years in University College, says: "Once such facts fully established, I do not think it justifiable to repeat experiments causing pain to animals." [405.] Dr. Rolleston, Professor of Physiology at Oxford, said that "for class demonstrations limitations should undoubtedly be imposed, and *those limitations should render illegal painful experiments before classes.*" [1291.] Charles Darwin, the greatest of living naturalists, stated that he had never either directly or indirectly experimented on animals, and that he regarded a painful experiment without anæsthetics which might be made with anæsthetics as deserving "detestation and abhorrence." [4672.] And finally the report of this commission, to which is attached the name of Professor Huxley, says: "With respect to medical schools, we accept the resolution of the British Association in 1871, that experimentation without the use of anæsthetics is not a fitting exhibition for teaching purposes."

It must be noted that hardly any of these opinions touch the question of vivisection so far as it is done without the infliction of pain, nor object to it as a method of original research; they relate simply to the practice of repeating painful experiments for purposes of physiological teaching. We cannot dismiss them as "sentimental" or unimportant. If painful experiments are necessary for the education of the young physician, how happens it that Watson and Burroughs are ignorant of the fact? If indispensable to the proper training of the surgeon, why are they condemned by Fergusson and Paget? If requisite even to physiology, why denounced by the physiologists of Oxford and London? If necessary to science, why viewed "with abhorrence" by the greatest of modern scientists?

Another objection to vivisection, when practiced as at present without supervision or control, is the undeniable fact that habitual familiarity with the infliction of pain upon animals has a decided tendency to engender a sort of careless indifference regarding suffering. "Vivisection," says Professor Rolleston of Oxford, "is very liable to abuse. * * * It is specially liable to tempt a man into certain carelessness; the passive impressions produced by the sight of suffering growing weaker, while the habit and pleasure of experimenting grows stronger by repetition." [1287.] Says Doctor Elliotson: "I cannot refrain from expressing my horror at the amount of torture which Doctor Brachet inflicted. *I hardly think knowledge is worth having at such a purchase.*"[2] A very striking example of this tendency was brought out in the testimony of a witness before the Royal Commission,— Doctor Klein, a practical physiologist. He admitted frankly that as an investigator he held as entirely indifferent the sufferings of animals subjected to his experiments, that, except for teaching purposes, he never used anæsthetics unless necessary for his own convenience. Some members of the Commission could hardly realize the possibility of such a confession.

"Do you mean you have no regard at all to the sufferings of the lower animals?"

"*No regard at all*," was the strange reply; and, after a little further questioning, the witness explained:

"I think that, with regard to an experimenter—a man who conducts special research and performs an experiment—he has *no time, so to speak, for thinking what the animal will feel or suffer!*"

Of Magendie's cruel disposition there seems only too abundant evidence. Says Doctor Elliotson: "Dr. Magendie, in one of his barbarous experiments, which I am ashamed to say I witnessed, began by coolly cutting out a large round piece from the back of a beautiful little puppy, as he would from an apple dumpling!" "It is not to be doubted that inhumanity may be found in persons of very high position as physiologists. *We have seen that it was so in Magendie.*" This is the language of the report on vivisection, to which is attached the name of Professor Huxley.

But the fact which, in my own mind, constitutes by far the strongest objection to unrestrained experiments in pain, is their questionable utility as regards therapeutics. Probably most readers are aware that physiology is that science which treats of the various functions of life, such as digestion, respiration and the circulation of the blood, while therapeutics is that department of medicine which relates to the discovery and application of remedies for disease. Now I venture to assert that, during the last quarter of a century, infliction of intense torture upon unknown myriads of sentient, living creatures, *has not resulted in the discovery of a single remedy of acknowledged and generally accepted value in the cure of disease.* This is not known to the general public, but it is a fact essential to any just decision regarding the expediency of unrestrained liberty of vivisection. It is by no means intended to deny the value to therapeutics of well-known physiological facts acquired thus in the past—such, for instance, as the more complete knowledge we possess regarding the circulation of the blood, or the distinction between motor and sensory nerves, nor can original investigation be pronounced absolutely valueless as respects remote possibility of future gain. What the public has a right to ask of those who would indefinitely prolong these experiments without State supervision or control is, "What good have your painful experiments accomplished during the past thirty years —not in ascertaining facts in physiology or causes of rare or incurable complaints, but in the discovery of improved methods for ameliorating human suffering, and for the cure of disease?" If pain could be estimated in money, no corporation ever existed which would be satisfied with such waste of capital in experiments so futile; no mining company would permit a quarter-century of "prospecting" in such barren regions. The usual answer to this inquiry is to bring forward facts in physiology thus acquired in the past, in place of facts in therapeutics. Thus, in a recent article on Magendie to which reference has been made, we are furnished with a long list of such additions to our knowledge. It may be questioned, however, whether the writer is quite scientifically accurate in asserting that, were our past experience in vivisection abolished, "it would blot out *all* that we know to-day in regard to the circulation of the blood, * * the growth and regeneration of bone, * * * the origin of many parasitic diseases, * * * the communicability of certain contagious and infectious diseases, and, to make the list complete, it would be requisite * * to take *a wide range in addition through the domains of pathology and therapeutics.*" Surely somewhat about these subjects has been acquired otherwise than by experiments upon animals? For example, an inquiring critic might wish to know a few of the "many parasitic diseases" thus discovered; or what contagious and infectious diseases, whose communicability was previously unknown, have had this quality demonstrated solely by experiments on animals? And what, too, prevented that "wide range into therapeutics" necessary to make complete the list of benefits due to vivisection? In urging the utility of a practice so fraught with danger, the utmost precaution against the slightest error of overstatement becomes an imperative duty. Even so distinguished a scientist as Sir John Lubbock once rashly asserted in Parliament that, "without experiments on living animals, we should never have had the use of ether"! Nearly every American school-boy knows that the contrary is true—that the use of ether as an anæsthetic—the grandest discovery of modern times—had no origin in the torture of animals.

I confess that, until very recently, I shared the common impression regarding the utility of vivisection in therapeutics. It is a belief still widely prevalent in the medical profession. Nevertheless, is it not a mistake? The therapeutical results of nearly half a century of painful experiments—we seek them in vain. Do we ask surgery? Sir William Ferguson, surgeon to the Queen, tells us: "In surgery I am not aware of any of these experiments on the lower animals having led to the mitigation of pain or to improvement as regards surgical details." [1049.] Have antidotes to poisons been discovered thereby? Says Doctor Taylor, lecturer on Toxicology for nearly half a century in the chief London Medical School (a writer whose work on Poisons is a recognized authority): "I do not know that we have as yet learned anything, so far as treatment is concerned, from our experiments with them (*i.e.* poisons) on animals." [1204.] Doctor Anthony, speaking of Magendie's experiments, says: "I never gained one single fact by seeing these cruel experiments in Paris. *I know nothing more from them than I could have read.*" [2450.] Even physiologists admit the paucity of therapeutic results. Doctor Sharpey says: "I should lay less stress on the direct application of the results of vivisection to improvement in the art of healing, than upon the value of these experiments in the promotion of physiology." [394.] The Oxford professor of Physiology admitted that Etiology, the science which treats of the causes of disease, had, by these experiments, been the gainer, rather than therapeutics. [1302.] "Experiments on animals," says Doctor Thorowgood, "already extensive and numerous, cannot be said to have advanced therapeutics much."[3] Sir William Gull, M. D., was questioned before the commission whether he could enumerate any therapeutic remedies which have been discovered by vivisection, and he replied with fervor: "The cases bristle around us everywhere!" Yet, excepting Hall's experiments on the nervous system, he could enumerate only various forms of disease, our knowledge of which is due to Harvey's discovery, two hundred and fifty years ago! The question was pushed closer, and so brought to the necessity of a definite reply, he answered: "I do not say at present our therapeutics are much, but there are lines of experiment which *seem to promise* great help in therapeutics." [5529.] The results of two centuries of experiments, so far as therapeutics are concerned, reduced to a seeming promise!

On two points, then, the evidence of the highest scientific authorities in Great Britain seems conclusive—first, that experiments upon living animals conduce chiefly to the benefit of the science of physiology, and little, if at all, at the present day, to the treatment of disease or the amelioration of human suffering; and, secondly, that repetition of painful experiments for class-teaching in medical schools is both unnecessary and unjustifiable. Do these conclusions affect the practice of vivisection in this country? Is it true that experiments are habitually performed in some of our medical schools, often causing extreme pain, to illustrate well-known and accepted facts—experiments which English physiologists pronounce "infamous" and "atrocious," which English physicians and surgeons stigmatize as purposeless cruelty and unjustifiable—which even Huxley regards as unfitting for teaching purposes, and Darwin denounces as worthy of detestation and abhorrence? I confess I see no occasion for any over-delicate reticence in this matter. Science needs no secrecy either for her methods or results; her function is to reveal, not to hide, facts. The reply to these questions must be in the affirmative. In this country our physiologists are rather followers of Magendie and Bernard, after the methods in vogue at Paris and Leipsic, than governed by the cautious and sensitive conservatism in this respect which generally characterizes the physiological teaching of London and Oxford. In making this statement, no criticism is intended on the motives of those responsible for ingrafting continental methods upon our medical schools. If any opprobrium shall be inferred for the past performance of experiments herein condemned, the present writer asks a share in it. It is the future that we hope to change. Now, what are the facts? A recent contributor to the "International Review," referring to Mr. Bergh, says that "he assails physiological experiments with the same blind extravagance of denunciation as if they were still performed without anæsthetics, as in the time of Magendie." In the interests of scientific accuracy one would wish more care had been given to the construction of this sentence, for it implies that experiments are not now performed except with anæsthetics—a meaning its author never could have intended to convey. Every medical student in New York knows that experiments involving pain are repeatedly performed to illustrate teaching. It is no secret; one need not go beyond the frank admissions of our later text-books on physiology for abundant proof, not only of this, but of the extent to which experimentation is now carried in this country. "We have long been in the habit, in class demonstrations, of removing the optic lobe on one side from a pigeon," says Professor Flint, of Bellevue Hospital Medical College, in his excellent work on Physiology.[4] "The experiment of dividing the sympathetic in the neck, especially in rabbits, is so easily performed that the phenomena observed by Bernard and Brown-Sequard have been repeatedly verified.

We have often done this in class demonstrations."[5] "The cerebral lobes were removed from a young pigeon in the usual way, an operation * * *which we practice yearly as a class demonstration.*"[6] Referring to the removal of the cerebellum, the same authority states: "Our own experiments, which have been very numerous during the last fifteen years, are *simply repetitions of those of Flourens, and the results have been the same without exception."*[7] *We have frequently removed both kidneys* from dogs, and when the operation is carefully performed the animals live for from three to five days. * * Death always takes place with symptoms of blood poisoning."[8] In the same work we are given precise details for making a pancreatic fistula, after the method of Claude

Bernard—"one we have repeatedly employed with success." "In performing the above experiment it is generally better *not* to employ an anaesthetic,"[9] but ether is sometimes used. In the same work is given a picture of a dog, muzzled and with a biliary fistula, as it appeared the fourteenth day after the operation, which, with details of the experiment, is quite suggestive.[10] Bernard was the first to succeed in following the spinal accessory nerve back to the jugular foramen, seizing it here with a strong pair of forceps and drawing it out by the roots. This experiment is practiced in our own country. "We have found this result (loss of voice) to follow in the cat after the spinal accessory nerves have been torn out by the roots," says Professor John C. Dalton, in his Treatise on Human Physiology.[11] "This operation is difficult," writes Professor Flint, "but we have several times performed it with entire success;" and his assistant at Bellevue Medical College has succeeded "in extirpating these nerves for class demonstrations."[12] In withdrawal of blood from the hepatic veins of a dog, "avoiding the administration of an anæsthetic" is one of the steps recommended.[13] The curious experiment of Bernard, in which artificial diabetes is produced by irritating the floor of the fourth ventricle of the brain, is carefully described, and illustrations afforded both of the instrument and the animal undergoing the operation. The inexperienced experimenter is here taught to hold the head of the rabbit "firmly in the left hand," and to bore through its skull "by a few lateral movements of the instrument." It is not a difficult operation; it is one which the author has "often repeated." He tell us "*it is not desirable to administer an anæsthetic*," as it would prevent success; and a little further we are told that "we should avoid the administration of anæsthetics in all accurate experiments on the glycogenic function."[14] It is true the pleasing assurance is given that "this experiment is almost painless"; but on this point, could the rabbit speak during the operation, its opinion might not accord with that of the physiologist.

There is one experiment in regard to which the severe characterization of English scientists is especially applicable, from the pain necessarily attending it. Numerous investigators have long established the fact that the great sensory nerve of the head and face is endowed with an exquisite degree of sensibility. More than half a century ago, both Magendie and Sir Charles Bell pointed out that merely exposing and touching this fifth nerve gave signs of most acute pain. "All who have divided this root in living animals must have recognized, not only that it is sensitive, but that its sensibility is far more acute than that of any other nervous trunk in the body."[15] "The fifth pair," says

Professor John C. Dalton, "is the most acutely sensitive nerve in the whole body. Its irritation by mechanical means *always causes intense pain*, and even though the animal be nearly unconscious from the influence of ether, any severe injury to its large root is almost invariably followed by cries."[16] Testimony on this point is uniform and abundant. If science speaks anywhere with assurance, it is in regard to the properties of this nerve. Yet every year the experiment is repeated before medical classes, simply to demonstrate accepted facts. "This is an operation," says Professor Flint, referring to the division of this nerve, "that we have frequently performed with success." He adds that "it is difficult from the fact that one is working in the dark, and it requires a certain amount of dexterity, *to be acquired only by practice*." Minute directions are therefore laid down for the operative procedure, and illustrations given both of the instrument to be used, and of the head of a rabbit with the blade of the instrument in its cranial cavity.[17] Holding the head of our rabbit firmly in the left hand, we are directed to penetrate the cranium in a particular manner. "Soon the operator feels at a certain depth that the bony resistance ceases; he is then on the fifth pair, and the cries of the animal give evidence that the nerve is pressed upon." This is one of Magendie's celebrated experiments; perhaps the reader fancies that in its modern repetitions the animal suffers nothing, being rendered insensible by anæsthetics? "*It is much more satisfactory to divide the nerve without etherizing the animal, as the evidence of pain is an important guide in this delicate operation.*" Anæsthetics, however, are sometimes used, but not so as wholly to overcome the pain.

Testimony of individuals, indicating the extent to which vivisection is at present practiced in this country might be given; but it seems better to submit proof within the reach of every reader, and the accuracy of which is beyond cavil. No legal restrictions whatever exist, preventing the performance of any experiment desired. Indeed, I think it may safely be asserted that, in the city of New York, in a single medical school, more pain is inflicted upon living animals as a means of teaching well-known facts, than is permitted to be done for the same purpose in all the medical schools of Great Britain and Ireland.

And *cui bono*? "I can truly say," writes a physician who has seen all these experiments, "that not only have I never seen any results at all commensurate with the suffering inflicted, but I cannot recall a single experiment which, in the slightest degree, has increased my ability to relieve pain, or in any way fitted me to cope better with disease."

In respect to this practice, therefore, evidence abounds indicating the necessity for that State supervision which obtains in Great Britain. We cannot abolish it any more than we can repress dissection; to attempt it would be equally unwise. Within certain limitations, dictated both by a regard for the interest of science and by that sympathy for everything that lives and suffers which is the highest attribute of humanity, it seems to me that the practice of vivisection should be allowed. What are these restrictions?

The following conclusions are suggested as a basis for future legislation:

I. Any experiment or operation whatever upon a living animal, during which by recognized anæsthetics it is made completely insensible to pain, should be permitted.

This does not necessarily imply the taking of life. Should a surgeon, for example, desire to cause a fracture or tie an artery, and then permit the animal to recover so as to note subsequent effects, there is no reason why the privilege should be refused. The discomfort following such an operation would be inconsiderable. This permission should not extend to experiments purely physiological and having no definite relation to surgery; nor to mutilation from which recovery is impossible, and prolonged pain certain as a sequence.

II. Any experiment performed thus, under complete anæsthesia, though involving any degree of mutilation, if concluded by the extinction of life before consciousness is regained should also be permitted.

To object to killing animals for scientific purposes while we continue to demand their sacrifice for food, is to seek for the appetite a privilege we refuse the mind. It is equally absurd to object to vivisection because it dissects, or "cuts up." If no pain be felt, why is it worse to cut up a dog, than a sheep or an ox? Such experiments as the foregoing might be permitted to any extent desired in our medical schools.

Far more difficult is the question of painful experimentation. Unfortunately, it so happens that the most attractive original investigations are largely upon the nervous system, involving the consciousness of pain as a requisite to success. Toward this class of experiments the State should act with caution and firmness. It seems to me that the following restrictions are only just.

III. In view of the great cost in suffering, as compared with the slight profit gained by the student, the repetition, for purposes of class instruction of any experiment involving pain to a vertebrate animal should be forbidden by law.

IV. In view of the slight gain to practical medicine resulting from innumerable past experiments of this kind, a painful experiment upon a living vertebrate animal should be permitted solely for purposes of original investigation, and then only under the most rigid surveillance, and preceded by the strictest precautions. For every experiment of this kind the physiologist should be required to obtain special permission from a State board, specifying on application (1) the object of the proposed investigation, (2) the nature and method of the operation, (3) the species of animal to be sacrificed, and (4) the shortest period during which pain will probably be felt. An officer of the State should be given an opportunity to be present; and a report made, both of the length of time occupied, and the knowledge, if any, gained thereby. If these restrictions are made obligatory by statute, and their violation made punishable by a heavy fine, such experiments will be generally performed only when absolutely necessary for purposes of scientific research.

In few matters is there greater necessity for careful discrimination than in everything pertaining to this subject. The attempt has been made in this paper to indicate how far the State—leaning to mercy's side—may sanction a practice often so necessary and useful, always so dangerous in its tendencies. That is a worthy ideal of conduct which seeks

> *"Never to blend our pleasure or our pride*
> *With sorrow of the meanest thing that*
> * feels."*

Is not this a sentiment in which even science may fitly share? Are we justified in neglecting the evidence she offers, purchased in the past at such immeasurable agonies, and in demanding that year after year new victims shall be subjected to torture, only to demonstrate what none of us doubt? That is the chief question. For, if all compromise be persistently rejected by physiologists, there is danger that some day, impelled by the advancing growth of humane sentiment, society may confound in one common condemnation all experiments of this nature, and make the whole practice impossible, except in secret and as a crime.

---

1. "Report of the Royal Commission on the Practice of Subjecting Live Animals to Experiments for Scientific Purposes." Question No, 175. Reference to this volume will hereafter be made in this article by inserting in brackets, immediately after the authority quoted, the number of the question in this report from which the extract is made.
2. "Human Physiology," by John Elliotson, M. D., F. R. S. (page 448).
3. "Medical Times and Gazette," October 5, 1872.
4. A Text-book of Human Physiology, designed for the use of Practitioners and Students of Medicine, by Austin Flint, Jr., M. D. D. Appleton & Co. New York: 1876 (page 722).
5. Page 738.
6. Page 585.
7. Page 710.
8. Page 403.
9. Pages 269-70.
10. Page 282.
11. Page 489.

12. Page 629.
13. Page 463.
14. Pages 470-71.
15. Flint: "Text Book on Human Physiology" (page 641).
16. Dalton's "Human Physiology" (page 466).
17. Flint (pages 639-40).

VIVISECTION.

[FROM LIPPINCOTT'S MAGAZINE, AUGUST, 1884.]

Omitting entirely any consideration of the ethics of vivisection, the only points to which in the present article the attention of the reader is invited are those in which scientific inquirers may be supposed to have a common interest.

I. One danger to which scientific truth seems to be exposed is a peculiar tendency to underestimate the numberless uncertainties and contradictions created by experimentation upon living beings. Judging from the enthusiasm of its advocates, one would think that by this method of interrogating nature all fallacies can be detected, all doubts determined. But, on the contrary, the result of experimentation, in many directions, is to plunge the observer into the abyss of uncertainty.

Take, for example, one of the simplest and yet most important questions possible,—the degree of sensibility in the lower animals. Has an infinite number of experiments enabled physiologists to determine for us the mere question of pain? Suppose an amateur experimenter in London, desirous of performing some severe operations upon frogs, to hesitate because of the extreme painfulness of his methods, what replies would he be likely to obtain from the highest scientific authorities of England as to the sensibility of these creatures? We may fairly judge their probable answers to such inquiries from their evidence already given before a royal commission.[1]

Dr. Carpenter would doubtless repeat his opinion that "frogs have extremely little perception of pain;" and in the evidence of that experienced physiologist George Henry Lewes, he would find the cheerful assurance, "I do not believe that frogs suffer pain at all." Our friend applies, let us suppose, to Dr. Klein, of St. Bartholomew's Hospital, who despises the sentimentality which regards animal suffering as of the least consequence; and this enthusiastic vivisector informs him that, in his English experience, the experiment which caused the greatest pain without anæsthetics was the cauterization of the cornea of a frog. Somewhat confused at finding that a most painful experiment can be performed upon an animal that does not suffer he relates this to Dr. Swaine Taylor, of Guy's Hospital, who does not think that Klein's experiment would cause severe suffering; but of another—placing a frog in cold water and raising the temperature to about 100°—"that," says Doctor Taylor, "would be a cruel experiment: I cannot see what purpose it can answer." Before leaving Guy's Hospital, our inquiring friend meets Dr. Pavy, one of the most celebrated physiologists in England, who tells him that in this experiment, stigmatized by his colleague as "cruel," the frog would in reality suffer very little; that if we ourselves were treated to a bath gradually raised from a medium temperature to the boiling point, "I think we should not feel any pain;" that were we plunged at once into boiling water, "even then," says the enthusiastic and scientific Dr. Pavy, "I do not think pain would be experienced!" Our friend goes then to Dr. Sibson, of St. Mary's Hospital, who as a physiologist of many years' standing, sees no objection to freezing, starving, or baking animals alive; but he declares of boiling a frog, "That is a horrible idea, and I certainly am not going to defend it." Perplexed more than ever, he goes to Dr. Lister, of King's College, and is astonished upon being told "that the mere holding of a frog in your warm hand is about as painful as any experiment probably that you would perform." Finally, one of the strongest advocates of vivisections, Dr. Anthony, pupil of Sir Charles Bell, would exclaim, if a mere exposition of the lungs of the frog were referred to, "Fond as I am of physiology, I would not do that for the world!"

Now, what has our inquirer learned by his appeal to science? Has he gained any clear and absolute knowledge? Hardly two of the experimenters named agree upon one simple yet most important preliminary of research—*the sensibility to pain of a single species of animals.*

Let us interrogate scientific opinion a little further on this question of sensibility. Is there any difference in animals as regards susceptibility to pain? Dr. Anthony says that we may take the amount of intelligence in animals as a fair measure of their sensibility—that the pain one would suffer would be in proportion to its intelligence. Dr. Rutherford, Edinburgh, never performs an experiment upon a cat or a spaniel if he can help it, because they are so exceedingly sensitive; and Dr. Horatio Wood, of Philadelphia, tells us that the nervous system of a cat is far more sensitive than that of the rabbit. On the other hand, Dr. Lister, of King's College, is not aware of any such difference in sensibility in animals, and Dr. Brunton, of St. Bartholomew's, finds cats such very good animals to operate with that he on one occasion used ninety in making a single experiment.

Sir William Gull thinks "there are but few experiments performed on living creatures where sensation is not removed," yet Dr. Rutherford admits "about half" his experiments to have been made upon animals sensitive to pain. Professor Rolleston, of Oxford University, tells us "the whole question of anæsthetizing animals has an element of uncertainty"; and Professor Rutherford declares it "impossible to say" whether even artificial respiration is painful or not, "unless the animal can speak." Dr. Brunton, of St. Bartholomew's, says of that most painful experiment, poisoning by strychnine, that it cannot be efficiently shown if the animal be under chloroform. Dr. Davy, of Guy's, on the contrary, always gives chloroform, and finds it no impediment to successful demonstration, Is opium an anæsthetic? Claude Bernard declares that sensibility exists even though the animal be motionless: "*Il sent la douleur, mais il a, pour ainsi dire, perdu l'idée de la defense.*"[2] But Dr. Brunton, of St. Bartholomew's hospital, London, has no hesitation whatever in contradicting this statement "emphatically, however high an authority it may be."

Curare, a poison invented by South American Indians for their arrows, is much used in physiological laboratories to paralyze the motor nerves, rendering an animal absolutely incapable of the slightest disturbing movement. Does it at the same time destroy sensation, or is the creature conscious of every pang? Claude Bernard, of Paris, Sharpey, of London, and Flint, of New York[3] all agree that sensation is *not* abolished; on the other hand, Rutherford regards curare as a partial anæsthetic, and Huxley strongly intimates that Bernard in thus deciding from experiments that it does not affect the cerebral hemispheres or consciousness, "*jumped at a conclusion* for which neither he nor anybody else had any scientific justification." This is extraordinary language for one experimentalist to use regarding others! If it is possible that such men as Claude Bernard and Professor Flint have "jumped at" one utterly unscientific conclusion, notwithstanding the most painstaking of vivisections, what security have we that other of our theories in physiology now regarded as absolutely established may not be one day as severely ridiculed by succeeding investigators? Is it, after all, true, that the absolute certainty of our most important deductions must remain forever hidden "unless the animal can speak"?

II. Between advocating State supervision of painful vivisection, and proposing with Mr. Bergh the total suppression of all experiments, painful or otherwise, there is manifestly a very wide distinction. Unfortunately, the suggestion of any interference whatever invariably rouses the anger of those most interested—an indignation as unreasonable, to say the least, as that of the merchant who refuses a receipt for money just paid to him, on the ground that a request for a written acknowledgement is a reflection upon his honesty. I cannot see how otherwise than by State supervision we are to reach abuses which confessedly exist. Can we trust the sensitiveness and conscience of every experimenter? Nobody claims this. One of the leading physiologists in this country, Dr. John C. Dalton, admits "that vivisection may be, and has been, abused by reckless, unfeeling, or unskillful persons;" that he himself has witnessed abroad, in a veterinary institution, operations than which "nothing could be more shocking." And yet the unspeakable atrocities at Alfort, to which, apparently, Dr. Dalton alludes, were defended upon the very ground he occupies to-day in advocating experiments of the modern laboratory and classroom; for the Academie des Sciences decided that there was "no occasion to take any notice of complaints; that in the future, as in the past, vivisectional experiments must be left entirely to the judgment of scientific men." What seemed "atrocious" to the more tender-hearted Anglo-Saxon was pronounced entirely justifiable by the French Academy of Science.

A curious question suggests itself in connection with this point. There can be little doubt, I think, that the sentiment of compassion and of sympathy with suffering is more generally diffused among all classes of Great Britain than elsewhere in Europe; and one cannot help wondering what our place might be, were it possible to institute any reliable comparison of national humanity. Should we be found in all respects as sensitive as the English people? Would indignation and protest be as quickly and spontaneously evoked among us by a cruel act? The question may appear an ungracious one, yet it seems to me there exists some reason why it should be plainly asked. There is a certain experiment—one of the most excruciating that can be performed—which consists in exposing the spinal cord of the dog for the purpose of demonstrating the functions of the spinal nerves. It is one, by the way, which Dr. Wilder forgot to enumerate in his summary of the "four kinds of experiments," since it is not the "cutting operation" which forms its chief peculiarity or to which special objection would be made. At present all this preliminary process is generally performed under anæsthetics: it is an hour or two later, when the animal has partly recovered from the severe shock of the operation, that the wound is reopened and the experiment begins. It was during a class demonstration of this kind by Magendie, before the introduction of ether, that the circumstance occurred which one hesitates to think possible in a person retaining a single spark of humanity or pity. "I recall to mind," says Dr.

Latour, who was present at the time, "a poor dog, the roots of whose vertebral nerves Magendie desired to lay bare to demonstrate Bell's theory, which he claimed as his own. The dog, mutilated and bleeding twice escaped from under the implacable knife, and threw its front paws around Magendie's neck, licking, as if to soften his murderer and ask for mercy! I confess I was unable to endure that heartrending spectacle."

It was probably in reference to this experiment that Sir Charles Bell, the greatest English physiologist of our century, writing to his brother in 1822, informs him that he hesitates to go on with his investigations. "You may think me silly," he adds, "but I cannot perfectly convince myself that I am authorized in nature or religion to do these cruelties." Now, what do English physiologists and vivisectors of the present day think of the repetition of this experiment solely as a class demonstration?

They have candidly expressed their opinions before a royal commission. Dr. David Ferrier, of King's college, noted for his experiments upon the brain of monkeys, affirms his belief that "students would rebel" at the sight of a painful experiment. Dr. Rutherford, who certainly dared do all that may become a physiologist, confesses mournfully, "*I dare not* show an experiment upon a dog or rabbit before students, when the animal is not anæsthetized." Dr. Pavy, of Guy's Hospital, asserts that a painful experiment introduced before a class "would not be tolerated for a moment." Sir William Gull, M. D., believes that the repetition of an operation like this upon the spinal nerves would excite the reprobation alike of teacher, pupils, and the public at large. Michael Foster, of Cambridge University, who minutely describes all the details of the experiment on recurrent sensibility in the "Handbook for the Physiological Laboratory," nevertheless tells us, "I have not performed it, and have never seen it done," partly, as he confesses, "from horror at the pain." And finally Dr. Burdon-Sanderson, physiologist at University College, London, states with the utmost emphasis, in regard to the performance of this demonstration on the spinal cord, "I am perfectly certain that no physiologist—none of the leading men in Germany, for example—would exhibit an experiment of that kind."

Now mark the contrast. This experiment—which we are told passes even the callousness of Germany to repeat; which every leading champion of vivisection in Great Britain reprobates for medical teaching; which some of them shrink even from seeing, themselves, from horror at the tortures necessarily inflicted; which the most ruthless among them *dare not* exhibit to the young men of England,—*this experiment has been performed pub-*

licly again and again in American medical colleges, without exciting, so far as we know, even a whisper of protest or the faintest murmur of remonstrance! The proof is to be found in the published statements of the experimenter himself. In his "Text-Book of Physiology," Professor Flint says, "Magendie showed very satisfactorily that the posterior roots (of the spinal cord) were exclusively sensory, and this fact has been confirmed by more recent observations upon the higher classes of animals. We have ourselves frequently exposed and irritated the roots of the nerves in dogs, *in public demonstrations* in experiments on the recurrent sensibility, ... and in another series of observations."[4]

This is the experience of a single professional teacher; but it is improbable that this experiment has been shown only to the students of a single medical college in the United States; it has doubtless been repeated again and again in different colleges throughout the country. If Englishmen are, then, so extremely sensitive as Ferrier, Gull, and Burdon-Sanderson would have us believe, we must necessarily conclude that the sentiment of compassion is far greater in Britain than in America. Have we drifted backward in humanity? Have American students learned to witness, without protest, tortures at the sight of which English students would rebel? We are told that there is no need of any public sensitiveness on this subject.

We should trust entirely, as they do in France,—at Alfort, for example,—"to the judgment of the investigator." There must be no lifting of the veil to the outside multitude; for the priests of this unpitying science there must be as absolute immunity from criticism or inquiry as was ever demanded before the shrine of Delphi or the altars of Baal. "Let them exercise their solemn office," demands Dr. Wilder, "not only unrestrained by law, but upheld by public sentiment."

For myself, I cannot believe this position is tenable. Nothing seems to me more certain than the results that must follow if popular sentiment in this country shall knowingly sustain the public demonstration of an experiments in pain, which can find no defender among the physiologists of Great Britain. It has been my fortune to know something of the large hospitals of Europe; and I confess I do not know a single one in countries where painful vivisection flourishes, unchecked by law, wherein the poor and needy sick are treated with the sympathy, the delicacy, or even the decency, which so universally characterize the hospitals of England. When Magendie, operating for cataract, plunged his needle to the bottom of his patient's eye, that he might note upon a human being the effect produced by mechanical irritation of the retina, he demonstrated how greatly the zeal of the enthusiast may impair the responsibility of the physician and the sympathy of man for man.

III. The utility of vivisection in advancing therapeutics, despite much argument, still remains an open question. No one is so foolish as to deny the possibility of future usefulness to any discovery whatever; but there is a distinction, very easily slurred over in the eagerness of debate, between present applicability and remotely potential service. If the pains inflicted on animals are absolutely necessary to the protection of human life and the advancement of practical skill in medicine, should sentiment be permitted to check investigation? An English prelate, the Bishop of Peterborough, speaking in Parliament on this subject, once told the House of Lords that "it was very difficult to decide what was unnecessary pain," and as an example of the perplexities which arose in his own mind he mentioned "the case of the wretched man who was convicted of skinning cats alive, because their skins were more valuable when taken from the living animal than from the dead one. The extra money," added the Bishop, "got the man a dinner!"[5] Whether in this particular case the excuse was well received by the judge, the reverend prelate neglected to inform us; but it is certain that the plea for painful experimentation rests substantially on the same basis. Out of the agonies of sentient brutes we are to pluck the secret of longer living and the art of surer triumph over intractable disease.

But has this hope been fulfilled? Pasteur, we are told, has claimed the discovery of a cure for hydrophobia through experiments on animals. It may be well worth its cost if only true; but we cannot forget that its practical value is by no means yet demonstrated. Aside from this, has physiological experimentation during the last quarter of a century contributed such marked improvements in therapeutic methods that we find certain and tangible evidence thereof in the diminishing fatality of any disease? Can one mention a single malady which thirty years ago resisted every remedial effort, to which the more enlightened science of to-day can offer hopes of recovery? These seem to me perfectly legitimate and fair questions, and, fortunately, in one respect, capable of a scientific reply. I suppose the opinion of the late Claude Bernard, of Paris, would be generally accepted as that of the highest scientific authority on the utility of vivisection in "practical medicine;" but he tells us that it is hardly worth while to make the inquiry. "Without doubt," he confessed, "*our hands are empty to-day*, although our mouths are full of legitimate promises for the future."

Was Claude Bernard correct in this opinion as to the "empty hands?" If scientific evidence is worth anything, it points to the appalling conclusion that, *notwithstanding all the researches of physiology, the chief forms of chronic disease exhibit to-day in England a greater fatality than thirty years ago.* In the following table I have indicated the average annual mortality, per million inhabitants, of certain diseases, *first,* for the period of five years from 1850 to 1854, and *secondly*, for the period twenty-five years later, from 1875 to 1879. The authority is beyond question; the facts are collected from the report to Parliament of the Registrar-general of England:

Average Annual Rate of Mortality in England, from Causes of Death, per One Million Inhabitants.

NAME OF DISEASE.	During Five Years, 1850-54.	During Five Years, 1875-79.
Gout.	12	25
Aneurism,	16	32
Diabetes,	23	41
Insanity,	29	57
Syphilis,	37	86
Epilepsy,	105	119
Bright's disease,	32	182
Kidney disease,	94	114
Brain disease,	192	281
Liver disease,	215	291
Heart disease,	651	1,335
Cancer,	302	492
Paralysis,	440	501
Apoplexy,	454	552
Tubercular diseases and diseases of the Respiratory Organs,	6,424	6,886
Mortality from above diseases :	9,026	10,994

This is certainly a most startling exhibit, when we remember that from only these few causes about half of *all* the deaths in England annually occur, and that from them result the deaths of two-thirds of the persons, of both sexes, who reach the age of twenty years.[6] What are the effects here discernible of Bernard's experiments upon diabetes? of Brown-Sequard's upon epilepsy and paralysis? of Flint's and Pavy's on diseases of the liver? of Ferrier's researches upon the functions of the brain? Let us appeal from the heated enthusiasm of the experimenter to the stern facts of the statistician. Why, so far from having obtained the least mastery over those malignant forces which seem forever to elude and baffle our art, they are actually gaining upon us; every one of these forms of disease is more fatal to-day in England than thirty years ago; during 1879 over sixty thousand *more* deaths resulted from these maladies alone than would have occurred had the rate of mortality from them been simply that which prevailed during the benighted period of 1850 to 1854! True, during later years there has been a diminished mortality in England, but it is from the lesser prevalence of zymotic diseases, which no one to-day pretends to cure; while the organic diseases show a constant tendency to increase. Part of this may be due to more accurate diagnosis and clearer definition of mortality causes: but this will not explain a phenomenon which is too evident to be overlooked.

"It is a fact," says the Registrar-general, in his report for 1879, "that while mortality in early life has been very notably diminished, *the mortality of persons in middle or advanced life has been steadily rising for a long period of years.*" It is probable that the same story would be told by the records of France, Germany, and other European countries; it is useless, of course, to refer to America, since in regard to statistical information we still lag behind every country which pretends to be civilized.[7] Undoubtedly it would be a false assumption which from these facts should deduce retrogression in medical art or deny advance and improvement; but they certainly indicate that the boasted superiority of modern medicine over the skill of our fathers, due to physiological researches, is not sustained by the only impartial authority to which science can appeal for evidence of results.

What then is the substance of the whole matter? It seems to me the following conclusions are justified by the facts presented.

I. All experiments upon living animals may be divided into two general classes; 1st those which produce pain,—slight, brief, severe or atrociously acute and prolonged; and 2nd, those experiments which are performed under complete anæsthesia from which either death ensues during unconsciousness, or entire recovery may follow.

II. The majority of vivisections requisite for purposes of teaching physiological facts *may* be so carried on as to take life with less pain or inconvenience to the animal than is absolutely necessary in order to furnish meat for our tables. Those who would make it a penal offense to submit to a class of college students the unconscious and painless demonstration of functional activity of the heart, for example, and yet demand for the gratification of appetite the daily slaughter of oxen and sheep without anæsthetics, and without any attempt to minimize the agony of terror, fear and pain—may not be inconsistent. But it is a view the writer cannot share.

III. Prohibition of all experiments may be fairly demanded by those who believe that the enthusiastic ardor of the scientific experimenter or lecturer, will outweigh all considerations of good faith, provided success or failure of his experiment depend on the consciousness of pain. In other words, that the experimenter himself, as a rule, *cannot be trusted to obey the law, should the law restrict.*

This also is an extreme position.

IV. Absolute liberty in the matter of painful experiments has produced admitted abuses by physiologists of Germany, France and Italy. In

America it has led to the repetition before classes of students of Magendie's extreme cruelties,—demonstrations which have been condemned by every leading English physiologist.

V. In view of the dangerous impulses not unfrequently awakened by the sight of pain intentionally inflicted, experiments of this kind should be by legal enactment absolutely forbidden before classes of students, especially in our Public Schools.

VI. It is not in accord with scientific accuracy to contend for unlimited freedom of painful experimentation, on the ground of its vast utility to humanity in the discovery of new methods for the cure of disease. On the contrary, so far as can be discovered by a careful study of English mortality statistics, physiological experiments upon living animals for fifty years back have in no single instance lessened the fatality of any disease below its average of thirty-five years ago.

VII. Vivisection, involving the infliction of pain is, even in its best possible aspect, a necessary evil, and ought at once to be restricted within the narrowest limits, and placed under the supervision of the State.

---

1. The contradictory opinions ascribed to most of the authorities quoted in this article are taken directly from the "Report of the Royal Commission on the Practice of

Subjecting Live Animals to Experiments for Scientific Purposes,"—a Blue-Book Parliamentary Report.
2. "He feels the pain, but has lost, so to speak, the idea of self defense." Leçons de Physiologie opératoire, 1879, p. 115.
3. Text-Book of Human Physiology, p. 595.
4. "A Text-Book of Human Physiology." By Austin Flint, Jr. M. D. New York, 1876. Page 589; see also page 674.
5. See Hansard's Parliamentary Debates, June 20, 1876.
6. In 1879 the total mortality in England, above the age of twenty, from *all causes* whatsoever, was 287,093. Of these deaths, the number occasioned by the sixteen causes above named, was 191,706, or almost exactly two-thirds.
7. Even Japan, a country we are apt to consider as somewhat benighted, has far better statistical information at hand than the United States of America.

APPENDIX.

I.

For reasons sufficiently stated in the preceding pages, the writer does not advocate the total abolition of all experimentation. It is only fair to acknowledge, however, that very strong and weighty arguments in favor of legal repression have been advanced both in this country and abroad, some of which are herewith presented, as the other side of the question.

The cause of abolition has no more earnest and eloquent advocate than Miss Frances Power Cobbe of England. Through innumerable controversies with scientific men in the public journals, magazines and reviews, she has presented in awful array, the abuses of unlimited and uncontrolled experimentation on the continent of Europe, and the arguments in favor of total repression. The following letters, extracts from her public correspondence, will indicate her position.

TENDER VIVISECTION.
(To the Editor of the "Scotsman.")

1, Victoria Street, London, S. W.,
January 10, 1881.

Sir.—An Italian pamphlet, *Dell'Azione del Dolore sulla Respirazione* (The Action of Pain on Respiration), has just reached my hands, and as it is, I think, quite unknown in this country, I will beg you to grant me space for a few extracts from its pages. The pamphlet is by the eminent physiologist, Mantegazza, and was published by Chiusi, of Milan. Having explained the object of his investigations to be the effects of pain on the respiratory organs, the Professor describes (p. 20) the methods he devised for the production of such pain. He found the best to consist in "planting nails, sharp and numerous, through the feet of the animal in such a manner as to render the creature almost motionless, because in every movement it would have felt its torment more acutely" (*piantando chiodi acuti e numerosi attraverso le piante dei piedi in modo da rendere immobile o quasi l'animale, perché ad ogni movi-*

mento avrebbe sentito molto piu acuto il suo tormento). Further on he mentions that, to produce still more intense pain (*dolore intenso*) he was obliged to employ lesions, followed by inflammation. An ingenious machine, constructed by "our" Tecnomasio, of Milan, enabled him likewise to grip any part of an animal with pincers with iron teeth, and to crush, or tear, or lift up the victim, "so as to produce pain in every possible way." A drawing of this instrument is appended. The first series of his experiments, Signor Mantegazza informs us, were tried on twelve animals, chiefly rabbits and guinea pigs, of which several were pregnant. One poor little creature, "far advanced in pregnancy," was made to endure *dolori atrocissimi*, so that it was impossible to make any observations in consequence of its convulsions.

In the second series of experiments twenty-eight animals were sacrificed, some of them taken from nursing their young, exposed to torture for an hour or two, then allowed to rest an hour, and usually replaced in the machine to be crushed or torn by the Professor for periods of from two to six hours more. In the table wherein these experiments are summed up, the terms *molto dolore* and *crudeli dolori* are delicately distinguished, the latter being apparently reserved for the cases when the victims were, as the Professor expresses it, *lardellati di chiodi*—("larded with nails").

In conclusion, the author informs us (p. 25) that these experiments were all conducted "*con molto amore e pazienza!*"—with much zeal and patience.

I am, etc.,

FRANCES POWER COBBE.

In a controversy with Dr. Pye-Smith, who had read a paper before the British Association, Miss Cobbe writes as follows to one of the public journals:

"Dr. Pye-Smith is reported to have said: 'Happily, the necessary experiments were comparatively few.' Few! What are a "few" experiments? Professor Schiff in ten years experimented on 14,000 dogs, given over to him by the Municipality of Florence, and returned their carcases so mangled that the man who had contracted for their skins found them useless. He also experimented on pigeons, cats, and rabbits to the number, it is calculated, of 70,000 creatures; and he now asks for ten dogs a week in Geneva. All over Germany and France there are laboratories "using" (as the horrible phrase is) numberless animals, inasmuch as I have just received a letter stating that dogs are actually becoming scarce in Lyons, and it is proposed to breed them for the purpose of Vivisection. Be this true or not, I invite any of your readers to visit the office of the Victoria Street Society, and examine the volumes of splendid plates of vivisecting instruments, which will there be shown them, and then judge for themselves whether it be for a few experiments that those elaborate and costly inventions have become a regular branch of manufacture. Let them examine the volume of the English handbook of the physiological laboratory, the volume of Cyon's magnificent atlas, with its 54 plates, the *Archives de Physiologie*, with its 191 plates, the *Physiologische Methodik*, or Claude Bernard's *Leçons sur la Chaleur Animale*, with its pictures of the stoves wherein he baked dogs and rabbits alive; and after these sights of disgust and horror they will know how to understand the word "few" in the vocabulary of a physiologist. I am glad to hear that a German opponent of Vivisection recently entering a shop devoted to the sale of these tools of torture, was greeted by the proprietor with a volley of abuse: 'It is you and your friends,' he said, 'who are destroying my trade. I used to sell a hundred of Czermak's tables and other instruments for one I sell now.'

"Dr. Pye-Smith said: 'Many of the experiments inflicted no pain or injury whatever, and the great majority of the rest were rendered painless by the use of those beneficial agents which abolished pain and had themselves been discovered by experiments upon living animals.' As to the use of anæsthetics in annulling the agonies of mutilated animals, the audience ought to have asked Dr. Pye-Smith to explain whether he intended to refer to chloroform, or the narcotic morphia, or, lastly, to the drug *curare*. If he referred to chloroform, Dr. Hoggan tells from his own experience (*Anæsthetics*, p. 1), that 'nothing can be more uncertain than its influence on the lower animals; many of them die before they become insensible. Complete and conscientious anæsthesia is seldom even attempted, the animal getting at most a slight whiff of chloroform *by way of satisfying the conscience of the operator*, or enabling him to make statements of a humane character.' Even if it were conscientiously administered at the beginning of an experiment, how little would chloroform diminish the misery of Rutherford's dogs or Brunton's ninety cats, whose long-drawn agonies extended over many days? How little could it affect in any way the cases of starving, poisoning, baking, stewing to death, or burning,—like the twenty-five dogs over which Professor Wertheim poured turpentine and then set them on fire, leaving them afterwards slowly to perish? If Dr. Pye-Smith was thinking of morphia, the reader may refer to Claude Bernard's *Leçons de Physiologie Opératoire*, where he will find that great physiologists recommends its use; but at the same time mentions (as of no particular consequence) that the animal subjected to its influence still 'suffers pain.' I can hardly suppose, lastly, that Dr. Pye-Smith was secretly thinking of *curare*, and that he is one of those whom Tennyson says would

> "*Mangle the living dog which loved him*
> *and fawned at his knee,*
> *Drenched with the hellish oorali.*"

It is bad enough to "mangle" a loving and intelligent creature without adding to its agonies the paralysis of the powers of motion, and the increased sensibility to pain occasioned by this horrible drug, which nevertheless Bernard, in the work above quoted, says is in such common use among physiologists, that when an experiment is not otherwise described, it may always be "taken for granted it has been performed on a curarized dog."

Finally, Dr. Pye-Smith says, "It was remarkable that the small residue of experiments in which some amount of pain was necessary were chiefly those in which the direct and immediate benefit to mankind was more obvious. He referred to the trying of drugs on animals, to discovering antidotes to poisons," etc. The bribe here offered to human selfishness is an ingenious one. "Let us," the physiologists say, "retain the right to put animals to torture, for it is very 'remarkable' that when we do so it is always in your interest!" Unluckily for this appeal to the meaner feelings of human nature, which these modern instructors of our young men are not ashamed to put forward, it is difficult for them to hit on any one instance wherein out of their "few" (million) experiments any good to mankind has been, even apparently, achieved. As Claude Bernard honestly said, at least as regards any benefit for suffering humanity, "*Nos mains sont vides*." As to the trying of drugs on animals, Dr. Pritchard, who is, I believe, the best living authority on the subject, told the Royal Commission (Minutes, 908), "I do not think that the use of drugs on animals can be taken as a guide to the doses or to the action of the same drugs on the human subjects." As to the discovery of antidotes to poison, the only man who seems on the verge of any success is the brave and noble fellow who has been trying such experiments not on animals but on himself.

In conclusion, I must add one word on Dr. Pye-Smith's last sentence, namely, "that legislation against vivisection is injurious to the best interests of the community." Sir, I know not what vivisectors deem to be the best interests of the community. For my part I do not reckon them to be the influence of drugs, nor yet susceptible of being carved out with surgical instruments. I do not think that they consist in escape from physical pain, nor even in the prolongation for a few years of our little earthly life. I hold that the best interests of the community are the moral and immortal interests of every soul in such community, namely, the conquest of selfishness, cowardice, and cruelty, and the development of the god-like sense of justice and love—the growth of the divinest thing in human nature, the faculty of sympathizing with the joys and sorrows of all God's creatures. Believing these to be "the best interests of the community," I ask, without hesitation, for the suppression of this abominable trade, which can best be described as "Pitilessness practised as a profession."

If vivisection be indeed the true method of studying physiology, if physiology cannot be advanced except by vivisection, if chemical observation and microscopic research be useless for the purpose, and nothing but the torture of animals and the demoralization of men will suffice for its progress—then, in God's name, I say, let physiology stop at the point it has reached, even till the day of doom.—I am, Sir, with apologies for the length of this letter, yours, etc.

FRANCES POWER COBBE

Certainly, as regards the ethics of vivisection, nothing more eloquent has ever been written than this closing paragraph.

In a letter to the London Times in December, 1884, Miss Cobbe writes as follows:

TO THE EDITOR.

Sir,—In your article on this subject on Saturday last you called upon the opponents of vivisection to answer certain questions. As I have been intrusted for many years with the hon. secretaryship of the leading anti-vivisectionist society, I beg to offer you the following replies to those questions:—

You ask first, Do we "deny that vivisection is capable of yielding knowledge of service to man?" We are not so rash as to deny that any practice, even the most immoral conceivable, might possibly yield knowledge of service to man; and, in particular, we do not deny that the vivisection of human beings by the surgeons of classic times, and again by the great anatomists of Italy in the 15th century, may very possibly have yielded knowledge to man, and be capable, if revived, of yielding still more. We have, however, for a long time back called on the advocates of the vivisection of dogs, monkeys, &c., to furnish evidence of the beneficial results of their work, not as setting at rest the question of its morality, but as an indispensable preliminary to justify them in coming into the court of public opinion as defendants of a practice obviously (as the Royal Commissioners reported) "liable from its very nature to great abuse."

We must be excused if we now hold it to be demonstrated that, whether vivisection be or be not "capable of yielding useful knowledge," it certainly yields only a scanty crop of it. Were there anything like an abundant harvest, such a sample as this would not have been produced with so much pomp for public scrutiny. In short, we think with Dr. Leffingwell that, "if pain could be measured by money, there is no mining company in the world which would sanction prospecting in such barren regions."

You ask us, Sir, secondly, "Do we affirm that the benefit of mankind is not an adequate or sufficient justification for the infliction of pain on animals?" We have two answers to this question.

Assuming that by vivisection benefits might be obtained for human bodies, we hold that the evil results of the practice on human minds would more than counterbalance any such benefits. The cowardice and pitilessness involved in tying down a dog on a table and slowly mangling its brain, its eyes, its entrails; the sin committed against love and fidelity themselves when a creature capable of dying of grief on his master's grave is dealt with as a mere parcel of material tissues, "valuable for purposes of research"—these are basenesses for which no physical advantages would compensate, and the prevalence of such a heart-hardening process among our young men would, we are convinced, detract more from the moral interests of our nation than a thousand cases of recovery from disease would serve those of a lower kind. Even life itself ought not to be saved by such methods, any more than by the cannibalism of the men of the "Mignonette."

Our second answer is yet more brief. We do not "deny that the benefit of man is a sufficient justification for inflicting pain upon animals," provided that pain is kept within moderate bounds, nor yet to taking life from them in a quick and careful manner. But we do deny the right of man to inflict torture upon brutes, and thus convert their lives from a blessing into a curse. Such torture has been inflicted upon tens of thousands of animals by vivisection; and no legislation that ingenuity can devise will, we believe, suffice to guard against the repetition of it so long as it is sanctioned in any way as a method of research. The use of vivisection—if it have any use—is practically inseparable from abuse. We therefore call upon our countrymen to forego the poor bribes of possible use which are offered to them, and of which we have now seen a "unique and impressive" example, and generously and manfully to say of vivisection as they once said of slavery "We will have none of it."

I am, Sir, yours, etc.,

FRANCES POWER COBBE.
Hengwrt, Dolgelly, Dec. 28, 1884.

II.

[Report of American Anti-vivisection Society, Jan. 1888.]

"There remain two grounds to adopt: one the total abolition of all experiments; the other the total abolition of all *painful* experiments. This latter position, which is the one that Dr. Bigelow of Boston and Dr. Leffingwell have assumed, has engaged our attention for a long time; but, after bestowing upon it careful consideration, we feel that we must give it up as impracticable. To secure immunity from pain there must be absolutely perfect anæsthesia. This can be only obtained in two ways: one is by trusting to the experimenter himself to give sufficient of the anæsthetic; the other to insist that an assistant shall be present for the express purpose of keeping the animal under perfect anæsthesia. Now is it anyway likely that either of these conditions would be observed?"

III.
[*From the "Therapeutic Gazette," Detroit, Aug., 1880.*]

"Vivisection is grossly abused in the United States. * * We would add our condemnation of the ruthless barbarity which is every winter perpetrated in the Medical Schools of this country. History records some frightful atrocities perpetrated in the name of Religion; but it has remained for the enlightenment and humaneness of this century to stultify themselves by tolerating the abuses of the average physiological laboratory—all conducted in the name of Science. There is only one way to progress in Therapeutics; and that is by clinical observation; the noting of the action of individual drugs under particular diseased conditions. He who has the largest practice and is the keenest observer, and the most systematic recorder of what he sees, does the most to advance Medicine."

IV.
[*From editorial in "The Spectator," London, July 17, 1880.*]

"A memorial for the absolute abolition of vivisection has been presented to Mr. Gladstone with a great many most influential signatures attached. For our own part, were the experiments on the inoculation of animal diseases excepted,—experiments which, we venture to say, have sometimes proved of the greatest value to animals themselves,—we should, on the whole, be content to go with the abolitionists, not because we think all experiments, especially when conducted under strict anæsthetics, wrong, but because when they are permitted at all it is so extremely difficult to enforce properly and fully humane conditions. Dr. A. Leffingwell has sufficiently shown in the able paper in the July *Scribner's Magazine*, how extremely few remedies of value have resulted from this awfully costly expenditure of anguish. 'If pain could be estimated in money' he justly says, 'no corporation would be satisfied with such a waste of capital.' Take, as the single illustration of this most weighty sentence, Dr. Leffingwell's statement that what the late Dr. Sharpey called 'Magendie's infamous experiment' on the stomach of the dog, has been repeated 200 times without establishing to the satisfaction of scientific physiologists the theory for which that act of wickedness was first committed. No wonder the society for the Protection of Animals from Vivisection goes to extremes."

Copyright © 2021 by ALICIA EDITIONS
All rights reserved.
Credits: canva.com
No part of this book may be reproduced in any form or by any electronic or mechanical means, including information storage and retrieval systems, without written permission from the author, except for the use of brief quotations in a book review.

www.ingramcontent.com/pod-product-compliance
Lightning Source LLC
LaVergne TN
LVHW012126070526
838202LV00056B/5886

mais, en définitive, ce sont les parents qui sont les premiers et les principaux agents de l'éducation de leur enfant handicapé.

2. L'implication parentale décrite au point 1 est d'une importance toute particulière dans le cas de la communication et du langage dont la mise en place et le développement sont largement tributaires des interactions et des relations entre les personnes, notamment entre les parents et les enfants.

3. Une aide et une intervention efficace sur le plan éducation ne peuvent se concevoir sans une procédure *d'évaluation*. Il faut savoir exactement où se situe l'enfant dans son développement avant de pouvoir décider d'un objectif et d'une démarche d'intervention. On doit disposer d'une organisation hiérarchique des comportements à installer.

Il faut connaître également les étapes par lesquelles on doit obligatoirement passer de façon à atteindre un niveau de fonctionnement déterminé. L'aide et l'intervention supposent des connaissances précises sur le développement des comportements et des fonctions auxquelles on s'intéresse.

4. Il est essentiel de bien comprendre et de reconnaître le caractère à la fois *intégré* et *multistratifié* du langage. Il s'agit également dès qu'il est question de développement de saisir la nature *cumulative* du développement langagier.

Que faut-il entendre par là? Le langage est un tout intégré. Il apparaît bien comme tel à nos oreilles. En deçà de cette totalité, il existe cependant une série de niveaux qui s'interpénètrent et dont il faut tenir compte à la fois séparément et dans leurs relations. Ce sont les sons, les mots et les séquences de sons qui les constituent, les éléments de signification, les règles et les usages de combinaison des mots pour produire des phrases et les relations que nous maintenons de phrases en phrases (par l'usage des pronoms, par exemple). Le développement du langage est aussi nettement cumulatif. Les briques de l'édifice sont les mots. Ceux-ci sont composés d'ingrédients particuliers — les sons[1] — qu'il faut pouvoir discriminer les uns par rapport aux

---

[1] Nous utilisons le terme «son» tout au long de l'ouvrage au lieu de l'appellation technique «phonème» qui devrait apparaître dès qu'il est question des éléments acoustico-articulatoires qui composent les mots, de façon à éviter de rebuter le profane.

autres, produire correctement et organiser en séquences appropriées. Les mots impliquent que certains découpages dans la réalité des choses et des personnes aient été préalablement réalisés. C'est le problème du sens. Les mots-briques devront être disposés selon des règles particulières, et variables d'une langue à l'autre, pour constituer des entités plus larges, les phrases, porteuses de significations plus complexes. La compréhension et la production des phrases supposent, non seulement que ces règles particulières soient appliquées, mais encore que les significations plus complexes qui y sont exprimées soient correctement appréhendées. A tous les niveaux du langage, sauf à celui des sons isolés, on retrouve cette nécessaire et fondamentale juxtaposition du «matériel linguistique» (mots, groupes de mots, phrases) et des significations à exprimer, qu'elles soient simples ou complexes.

5. Bien qu'il puisse être composite et complexe, le langage n'en plonge pas moins ses racines dans *la communication émotionnelle, l'échange affectif, l'expression, l'expression corporelle et gestuelle et le dialogue* avec l'autre que ces formes de communication plus élémentaires permettent déjà chez l'enfant normal. Ces formes de communication se mettent en place dans les premiers mois de l'existence. Elles se renforcent et se développent rapidement ensuite. Ainsi passe-t-on graduellement au cours des deux premières années à une communication langagière, sans toutefois que les formes les plus primitives de communication disparaissent. En raison de son retard de maturation, le même développement et la même transition se font plus nettement et moins spontanément chez l'enfant trisomique 21. Il faut intervenir pour favoriser l'évolution qu'on connaît chez les enfants normaux et en hâter le cours, mais il faut procéder en respectant la filiation normale des diverses formes de communication jusqu'à l'émergence du langage. Un point de la plus grande importance dans ce contexte est l'établissement d'un dialogue riche à un niveau non verbal entre la mère, les parents, et le jeune enfant trisomique 21 dès les premiers mois. C'est de ce creuset que sortira alors le langage. Cette apparition se fera d'autant mieux et plus vite qu'elle aura été adéquatement préparée.

Quelques indications sur le *découpage de l'ouvrage*. *Les deux premiers chapitres* fournissent d'une part des informations générales sur l'enfant et sur la personne atteinte de trisomie 21, et d'autre part, sur les rôles de la communication et du langage dans le développement et la socialisation de l'enfant trisomique. *Le chapitre 3* résume les principales étapes du développement du langage chez l'enfant trisomique. *Le chapitre 4* définit les grands principes de l'aide et de l'intervention précoce en matière de langage et notamment les questions et les indications relatives à l'évaluation continue. *Les chapitres 5 et 6* sont les plus substantiels. Ils contiennent une présentation des étapes de l'intervention au niveau du prélangage et au niveau du langage proprement dit. On y définit à chaque fois les objectifs spécifiques de l'intervention, la démarche et la progression dans son détail. On trouvera enfin la courte liste bibliographique dont il a été question au début de cet avant-propos et un index des échelles d'évaluation et des apprentissages que l'on pourra consulter pour retrouver immédiatement une progression déterminée.

Chapitre 1
Qui est l'enfant trisomique 21 ?

Environ un enfant sur 700 naît avec une trisomie 21. Ce syndrome est responsable d'une proportion importante des cas de handicap mental (environ 20 %). La trisomie 21, identifiable avant la naissance de l'enfant, est actuellement incurable. Il n'existe aucun remède, aucune pratique médicale qui puisse l'éliminer. Le seul espoir et la seule possibilité d'intervention efficace se trouvent dans l'éducation de l'enfant trisomique, une éducation dont il est fort souhaitable qu'elle soit guidée par les connaissances psychologiques actuelles.

A. Du mongolisme à la trisomie 21

C'est en 1866, que John Landgon Down, médecin anglais attira l'attention du monde scientifique sur un groupe particulier d'arriérés mentaux. Il basa principalement sa description sur les caractéristiques du visage, à savoir les pommettes saillantes, le nez un peu épaté et les yeux bridés. Les thèses racistes étant à l'honneur à cette époque, le profil de ces arriérés mentaux suggéra à Down des idées de «dégénérescence raciale». Il envisagea une référence à l'ethnie mongole qui, pour les savants de cette période, se situait au bas de l'échelle humaine.

C'est seulement près d'un siècle plus tard qu'une autre explication put être avancée. En 1959, des chercheurs français découvrirent que les cellules des sujets «mongoliens» contenaient 47 chromosomes au lieu des 46 que l'on y trouve normalement. Le responsable de cet état de fait est le chromosome 21, présent en trois exemplaires au lieu de deux, d'où les termes trisomie 21. Malgré cela, l'appellation «mongolisme», «mongolien» a survécu. Elle est toujours largement en usage dans les pays francophones et latins. Dans les pays anglo-saxons, cette dénomination a été bannie du vocabulaire sous la pression conjuguée des associations de parents, des handicapés et des milieux scientifiques. On parle maintenant de syndrome de Down ou de trisomy 21. Il serait très souhaitable que la dénomination «mongolisme» disparaisse également du vocabulaire francophone, car elle n'est pas pertinente et connote une série d'ambiguïtés. Les termes «trisomie 21» sont plus appropriés et ce sont eux que nous avons décidé d'utiliser dans cet ouvrage en espérant que notre exemple sera suivi.

B. Etiologie de la trisomie 21

La cause du trouble étant la présence de 47 chromosomes dans les cellules au lieu des 46 chez une personne normale, on parle d'aberration chromosomique. Chez l'être humain, les cellules du corps contiennent 46 chromosomes répartis en 23 paires. Parmi celles-ci, 22 paires sont des autosomes (chromosomes ordinaires) et une paire contient les chromosomes liés au sexe (formule XY chez l'homme, XX chez la femme). Les autosomes peuvent être ordonnés en série selon la longueur, celle-ci servant de base à leur numérotation (de 1 à 22). Le syndrome de la trisomie 21 est causé par la présence d'un autosome supplémentaire au niveau de la paire 21.

D'où vient cette anomalie chromosomique? Trois raisons expliquent la trisomie 21:

- Dans environ 90 % des cas, une erreur de distribution des chromosomes intervient avant la fertilisation ou lors de la première divison cellulaire de l'œuf fertilisé qui va former l'embryon (Fig. 1). Ce sont les cas dits de *«trisomie régulière»*.

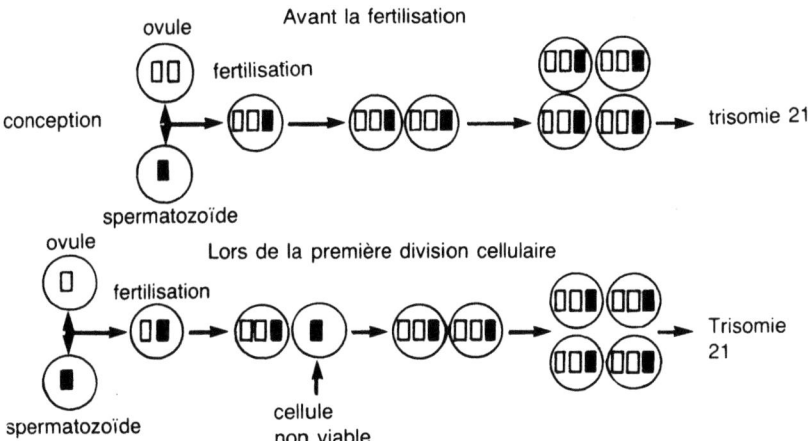

Figure 1: Distribution anormale du chromosome 21.

- Dans environ 5 % des cas, on a affaire à une erreur de distribution des chromosomes survenant lors de la seconde division cellulaire, parfois lors de la 3e (Fig. 2). L'embryon se développera avec un mélange de cellules normales (46 chromosomes) et de cellules trisomiques (47 chromosomes). Ce sont les cas dits de «*mosaïque*». Il est faux, soit dit en passant, que ces individus présentent nécessairement un tableau symptomatologique moins marqué ou qu'ils disposent d'une intelligence supérieure par rapport aux autres sujets trisomiques.

- Dans les 5 % restant, on parle de «*translocation*». L'ensemble ou une partie d'un chromosome est attaché à une partie ou

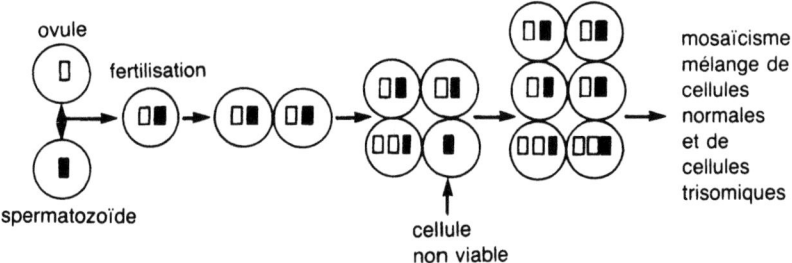

Figure 2: Le mosaïcisme.

à la totalité d'un autre chromosome. Le processus représenté à la Figure 3 concerne les chromosomes 14 et 21.

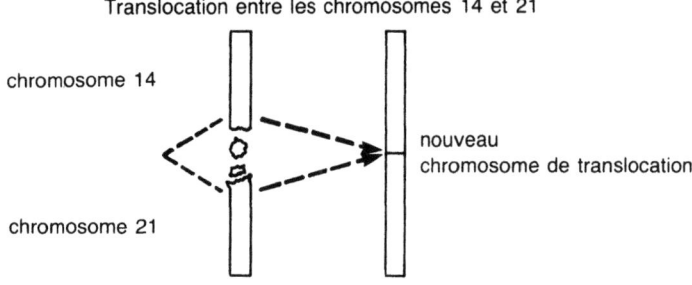

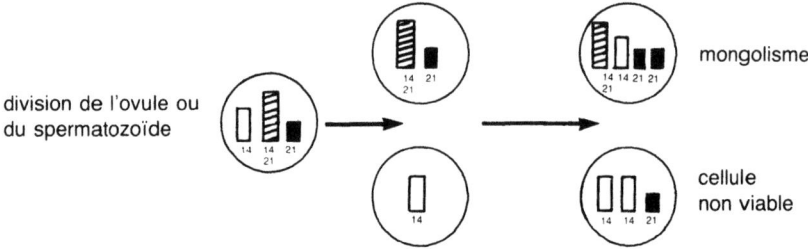

Figure 3: La translocation.

Lors du développement de l'embryon, les cellules reformeront une paire de chromosomes 21 et le chromosome additionnel de translocation. Dans deux cas de translocation sur trois, l'erreur survient lors de la formation de l'ovule ou du spermatozoïde, ou encore lors de la première division cellulaire après la fertilisation. Dans un cas sur trois, un des parents est porteur de la translocation. Ce parent, le père ou la mère, est parfaitement normal, physiquement et intellectuellement, mais ses cellules ne contiennent que 45 chromosomes. Le chromosome de translocation équivaut en effet à la présence de deux chromosomes ordinaires.

Les *facteurs* en cause dans le déterminisme de la trisomie 21 ne sont pas connus avec exactitude. On a avancé *l'âge maternel* comme facteur favorisant. Les données épidémiologiques concordent pour indiquer qu'environ un tiers des enfants trisomiques naissent de mères âgées de plus de trente ans[1]. La probabilité d'avoir un enfant trisomique s'accroît jusqu'à environ 1/50 après 40 ans. Il semble par contre que l'indice de la trisomie 21 n'entretienne aucun rapport avec l'âge du père. Parmi les facteurs extrinsèques potentiels, on suspecte actuellement les radiations (rayons X et autres), l'effet génétique de certains virus, certains agents chimiques, et peut-être certaines déficiences en vitamines (notamment en vitamine A, déficiences connues pour leurs effets nocifs sur le système nerveux) qui contribueraient à favoriser un dérèglement génétique.

C. Les trisomiques parmi nous

L'anomalie chromosomique qui produit la trisomie 21 est responsable des modifications cérébrales et des divers problèmes et altérations qui affectent le développement physique et physiologique de ces sujets. La plupart de ces modifications organiques prennent place avant la naissance et particulièrement pendant la période du développement fœtal, c'est-à-dire les six derniers mois de la vie intra-utérine.

Avant d'envisager brièvement certains de ces problèmes, il faut affirmer et réaffirmer, parce que l'information n'a pas été suffisamment comprise par le grand public, que les sujets trisomiques se situent parmi les handicapés mentaux modérés et sévères et NON PAS PARMI LES HANDICAPES PROFONDS. Le tableau 1 reprend, à titre illustratif, l'échelle des niveaux intellectuels telle qu'on peut l'établir à l'usage des principaux outils d'évaluation du fonctionnement intellectuel.

Chez les sujets trisomiques 21, le niveau intellectuel modal c'est-à-dire le niveau intellectuel le plus fréquemment rencontré, se situe aux alentours de QI 45. Il faut cependant noter que, devant l'intéressante évolution constatée chez les jeunes enfants trisomiques depuis une dizaine d'années — c'est-à-dire depuis

---

[1] En Wallonie cependant, depuis 1981, 80 % des enfants trisomiques 21 sont nés de mères de moins de 35 ans (L. Koulisher, communication personnelle). Les raisons de cette évolution ne sont pas entièrement claires à l'heure actuelle.

Tableau 1. Niveau de quotient intellectuel

Q.I.		
	131 et au-dessus	Très supérieur
	111 - 130	Supérieur
	91 - 110	Normal
	76 - 90	Sous-doués
	51 - 75	Arriération mentale légère
	36 - 50	Arriération mentale modérée
	21 - 35	Arriération mentale sévère
	20	Arriération mentale profonde

qu'on a commencé sérieusement à s'occuper d'eux en différents endroits —, de nombreux auteurs se demandent si le niveau intellectuel auquel nombre d'entre eux pourraient et devraient accéder n'est pas situé dans la marge de l'arriération mentale légère.

L'enfant trisomique n'est donc pas un grabataire, un handicapé profond, un malade mental ou quoi que ce soit d'autre, comme l'imagerie populaire le représente encore, ou comme l'imaginent parfois des gens éduqués et cultivés. Cette perception résolument fausse de la trisomie 21 résulte malheureusement d'un grave manque d'information au niveau de nos écoles normales et supérieures chez certaines personnes chargées de l'enseignement, employées comme travailleurs sociaux, voire dans la profession médicale.

Le handicap physique, développemental et mental de l'enfant trisomique 21 est réel, certes, et il n'est pas souhaitable de céder au fantasme qui consiste à prétendre que l'enfant est normal et à refuser de le voir autrement que comme tel. Les deux attitudes, celle qui infériorise l'enfant trisomique et celle qui veut le normaliser indûment, sont aussi préjudiciables l'une que l'autre. La première par défaut d'ambition, la seconde en niant le handicap et donc en empêchant que les méthodes appropriées d'éducation et d'intervention soient mises en pratique.

Il est important que la société dans son ensemble — et bien sûr les parents et les éducateurs en premier lieu — reconnaissent le potentiel de développement qui existe chez un enfant trisomique et soit favorablement disposée à lui ouvrir largement ses portes et à le considérer comme l'un des siens à part entière.

C'est là un problème de morale, mais il y a plus que cela. Il se produit souvent dans le développement des personnes un effet de socialisation qu'on a appelé « effet Pygmalion » ou encore « effet Rosenthal ». Cet effet, largement prouvé, veut que les individus tendent en général à se comporter selon ce qu'on attend d'eux et à devenir, dans la mesure de leurs moyens, ce qu'on veut qu'ils deviennent. Un tel effet, clairement, a ses limites. Elles résident dans les capacités intrinsèques de la personne. Celles-ci ne peuvent être « étirées » à l'infini quand bien même les parents le souhaiteraient le plus vivement et les éduqueraient en ce sens. Le cas de l'enfant trisomique 21 témoigne de cette limitation. Si la volonté et les attentes parentales suffisaient à rendre l'enfant normal, il y a bien longtemps qu'il n'y aurait plus d'enfants trisomiques. Mais le problème subsiste. Les capacités individuelles ne sont pas fixées une fois pour toutes à la naissance ou avant. Ce que la nature fournit à chacun d'entre nous, handicapés ou non, c'est un *potentiel de développement* ou, si l'on veut, une marge de développement dont les limites sont fixées par les caractéristiques de notre organisme. A l'intérieur de cette marge de développement (voir la Fig. 4 pour une illustration), ce sont les influences du milieu (éducatif, social), les stimulations, la qualité et la quantité des expériences personnelles qui vont permettre d'aller plus ou moins loin dans la réalisation du potentiel. Ce potentiel, chaque individu, normal ou handicapé, en dispose mais il ne pourra l'exploiter jusqu'au bout que si la qualité du milieu et de l'éducation le permettent. Le niveau final atteint dépendra tout autant des influences reçues qui auront permis de réaliser plus ou moins complètement le potentiel individuel, que du potentiel lui-même.

C'est ici que nous rejoignons l'effet Pygmalion. Selon les attentes de l'entourage, plus ou moins positives ou négatives et leur caractère stimulant ou non, l'enfant ira plus ou moins loin dans la réalisation de son potentiel. On conviendra aisément qu'il n'y a rien à gaspiller dans le potentiel individuel déjà limité au départ de l'enfant handicapé. Afin que cet enfant aille aussi loin dans son développement que le permettent ses capacités, il faut donc que son entourage manifeste une série d'attentes positives à son égard et l'aide au maximum à réaliser ces attentes.

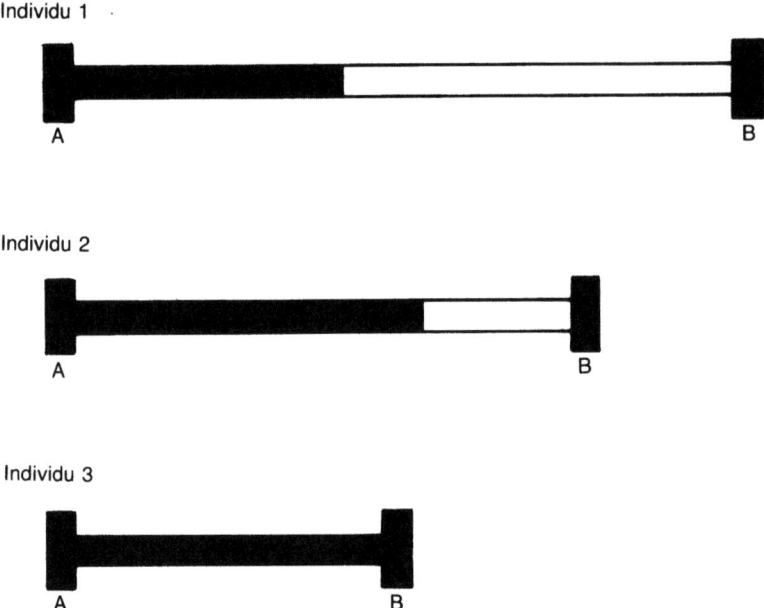

Figure 4: Illustration de la notion de potentiel de développement.

Légende: A et B représentent respectivement la limite inférieure et supérieure de la marge de développement. Ces limites varient d'un individu à l'autre. Le niveau de développement finalement atteint par l'individu 3, qui réalise son plein potentiel, est supérieur ou égal aux niveaux atteints par les individus 1 et 2 qui disposent pourtant de potentiels plus importants mais qui n'ont pu être suffisamment réalisés.

L'enfant trisomique 21, comme on sait, présente une apparence physique particulière: la tête est un peu plus petite que la normale, les yeux légèrement bridés, la bouche relativement petite, le cou est typiquement court, les mains sont petites avec des doigts courts, les cheveux sont fins et plats. La croissance physique se fait en règle très générale à des niveaux inférieurs à la moyenne de la population. L'allure est trapue en raison de la taille relativement réduite des membres par rapport au tronc, et relâchée en raison d'une certaine hypotonie généralisée. La taille à la naissance est souvent normale, le retard (relatif) de croissance physique ne se marquant qu'après 4 ans. Ce retard, cependant, n'a rien à voir avec un quelconque nanisme. On ne sait pas exactement comment l'anomalie chromosomique responsable de la trisomie 21 affecte le cerveau et son fonctionnement. Il est vraisemblable qu'elle gêne le développement normal des structures cérébrales fines.

Environ un tiers des enfants trisomiques 21 ont de sérieux problèmes de santé. Il s'agit généralement d'une plus grande susceptibilité à l'infection, de troubles cardiaques, intestinaux et sensoriels. Bien qu'elles puissent devenir extrêmement sérieuses lorsqu'elles se combinent chez le jeune enfant, ces affections sont traitables. En ce qui concerne plus particulièrement les problèmes sensoriels, il faut relever que la coordination des mouvements des deux yeux peut être relativement lente à se développer chez l'enfant trisomique 21, un strabisme pouvant subsister pendant un certain temps. Un autre problème de vision est la myopie, mais elle est surtout fréquente chez les sujets plus âgés. L'audition peut aussi faire problème chez l'enfant et chez l'adulte trisomique 21. Ceux-ci peuvent en effet présenter une perte auditive légère ou moyenne due à des atteintes de l'oreille moyenne, plus rarement de l'oreille interne. Les atteintes de l'oreille moyenne (tympan, chaîne des osselets) peuvent être le résultat à terme d'otites répétitives et autres infections de l'oreille qui peuvent survenir avec une certaine fréquence, si on n'y prend particulièrement garde, chez le jeune enfant trisomique 21 en raison des nombreux rhumes contractés et de sa sensibilité générale aux agents infectieux. Il est toujours hautement recommandable de faire examiner sérieusement l'enfant trisomique 21 pour dépister et éventuellement traiter les problèmes médicaux et notamment les insuffisances sensorielles qui pourraient se manifester.

Il est important d'être conscient des difficultés physiques et autres de l'enfant trisomique 21 et de leurs éventuelles répercussions sur son développement et son éducation, ceci de façon à éviter de minimiser l'ampleur de la tâche éducative. Il est cependant tout aussi important de comprendre que, malgré ses problèmes et ses difficultés, l'enfant trisomique 21 et la personne trisomique 21 en général présentent un potentiel de développement et de réalisation de soi qui est loin d'être négligeable.

D. Le potentiel de développement de l'enfant trisomique 21

En dépit de ses handicaps et pour peu qu'il soit placé dans un environnement favorable, l'enfant trisomique 21 se développe. Certes, ce développement se fait à un rythme plus lent et ne sera pas complet par rapport à celui de l'enfant normal, mais il suit néanmoins la même succession d'étapes et de sous-étapes que le développement normal.

L'enfant s'épanouit beaucoup mieux à l'évidence s'il est maintenu dans sa famille, à condition bien sûr de bénéficier au sein de celle-ci du support affectif, de l'attention et de la stimulation nécessaires.

Le jeune enfant trisomique 21 apprend à entrer en relation avec son entourage; il babille le plus souvent comme un enfant normal, il sourit à son entourage après quelques mois, peut prendre des objets, s'asseoir, se redresser, et marcher seul au bout d'un temps qui peut être plus ou moins variable d'un enfant à l'autre. Il apprend à comprendre et à produire les mots de son langage et à former des phrases, bien que le développement linguistique soit assez retardé. Il devient autonome sur les plans de la propreté et de l'hygiène corporelle. Correctement éduqué, l'enfant trisomique 21 apprend à se comporter adéquatement en société.

Au plan éducatif, beaucoup de progrès ont été réalisés depuis une vingtaine d'années, mais on n'en est encore qu'aux débuts de ce qui pourrait être réalisé. Certains enfants trisomiques 21 sont actuellement pris en charge dès les premiers mois de leur existence. Les familles sont informées de ce qu'il convient de faire pour favoriser le développement de leur enfant et le placer dans les meilleurs conditions possibles pour aborder l'existence. On arrive ainsi à hâter sensiblement les premières acquisitions psychomotrices (station assise, locomotion, préhension, exploration de l'environnement, développement sensori-moteur, etc.) et sociales (sourire, babillage, communication préverbale, expression gestuelle, etc.). Le potentiel éducatif de l'enfant trisomique 21 est loin d'être négligeable et on s'en aperçoit de plus en plus actuellement. Cela ouvre de nouvelles perspectives et fournit de nouvelles responsabilités aux éducateurs et aux parents. Un nombre croissant d'enfants trisomique 21 apprennent maintenant à lire, à écrire et à effectuer des opérations d'arithmétique élémentaire. On pensait généralement il y a quelques années que ces acquisitions étaient, par définition, hors de portée des enfants et des personnes trisomiques 21.

Au plan social, les personnes trisomiques 21 disposent également d'intéressantes ressources qui pourraient trouver leur réalisation bien davantage encore que ce qu'on a pu voir jusqu'ici si la société leur en donnait la possibilité. Les personnes trisomiques 21 peuvent parler et s'entretenir avec d'autres, être responsables du cours et des résultats de travaux qui, s'ils sont simples, ne sont certainement pas sans intérêt. Elles peuvent fréquenter les endroits publics et se comporter comme des adultes évolués et responsables, cela si on leur en laisse la possibilité, et surtout, comme c'est le cas pour n'importe qui, si on les éduque à ces fins en les familiarisant avec la fréquentation de milieux ouverts.

Qu'il s'agisse de potentiel de développement, de potentiel éducatif ou de potentiel d'adaptation sociale, les enfants trisomiques 21 présentent des ressources que nous avons le devoir et la responsabilité de mettre en valeur au maximum, compte tenu des moyens dont nous disposons et des connaissances scientifiques contemporaines.

E. Perspectives éducatives: on récolte ce qu'on a semé

Il n'est pas seulement souhaitable d'aider les personnes trisomiques 21 à se développer et à s'épanouir pour des raisons éthiques ou philantropiques. Il y va de l'intérêt même des familles et de la société toute entière. En effet, s'il est un adage qui s'applique bien à la situation des enfants trisomiques 21, c'est bien celui qui veut qu'on récolte ce qu'on a semé. A potentialités individuelles équivalentes, ce sont les enfants qui ont été davantage stimulés, entraînés, éduqués depuis les premiers mois de l'existence qui se développent le mieux, concèdent les retards les moins marqués par rapport aux normes de développement et deviennent les individus les mieux équilibrés compte tenu de leurs problèmes et de leurs limitations. Après tout, ce n'est que justice. Que les investissements de la famille et du groupe social en temps, en énergie et éventuellement en argent (au niveau de la société particulièrement) trouvent des retombées proportionnelles à leur importance devrait être réconfortant.

Chapitre 2
Les rôles de la communication et du langage dans le développement et la socialisation de l'enfant trisomique

A. **Parler, pour quoi faire ?**

Pourquoi parle-t-on ? Nous parlons pour de multiples raisons. Nous parlons pour *communiquer* (fonction communicative), c'est-à-dire pour mettre une information en commun avec un ou plusieurs interlocuteurs. Nous parlons pour *obtenir de l'information* de la part de l'interlocuteur (fonction informative). C'est notamment le jeu des questions et des réponses. Nous parlons pour *influencer le partenaire*, l'amener à faire des choses, adopter des attitudes qui nous intéressent (fonction conative). Cette fonction nous pouvons également l'adresser à nous-mêmes, c'est-à-dire utiliser notre propre langage pour *organiser et contrôler notre propre comportement* (fonction régulative). Nous parlons pour nous représenter la réalité à nous-mêmes et aux autres (fonction représentative). Nous parlons pour jouer avec les mots et les combinaisons de mots (fonction ludique) et pour *exprimer des sentiments et des émotions* avec plus ou moins d'originalité et de talent (fonction poétique). Enfin, *nous parlons pour parler* (fonction phatique). Ceci n'est pas une boutade. Cette fonction, vue sur l'ensemble de nos journées, est peut-être la plus importante quantitativement. Parler pour parler, sans réellement fournir à l'interlocuteur une information nouvelle, permet de maintenir ouvert le canal de communication entre les personnes et donc de faciliter le passage subséquent d'informations importantes.

B. Parler avec son corps, avec ses membres, son visage. Parler avec des mots

Lorsque nous parlons, nous ne nous limitons habituellement pas à nous exprimer verbalement. Tout le corps est associé et participe assez directement à la réalisation et à la transmission du message. On dit techniquement qu'il y a *l'expression verbale* et le *contexte paraverbal* de cette expression. L'expression verbale, ce sont les mots que nous utilisons pour nous faire comprendre. Le contexte paraverbal de cette expression verbale, ce sont les mimiques, les gestes et les attitudes corporelles qui accompagnent cette expression et lui servent en quelque sorte de toile de fond. Nous ne sommes pas toujours conscients de l'importance de cette activité paraverbale. Nous n'en prenons vraiment conscience qu'en nous observant au moyen d'un enregistrement visuel, par exemple. En fait, cette activité est loin d'être négligeable. Nous exprimons beaucoup par les mimiques faciales et les gestes. En outre, les mimiques et les gestes permettent de nuancer, voire de faire varier sensiblement le sens du message verbal. Certaines formes d'humour sont basées sur une opposition verbal-paraverbal. Pensez, par exemple, à l'énoncé «Quelle ravissante créature!» produit avec une mimique de sincère admiration, d'une part, et une mimique de profond dégoût, d'autre part.

On parle donc avec le corps, les membres et la face, mais on parle aussi et surtout — évidemment — avec des mots. Si le contexte paraverbal permet de moduler les contenus du message verbal et parfois d'ajouter des messages ou des nuances, c'est le message verbal qui contient le plus souvent l'essentiel de l'information à communiquer. Il convient qu'il soit construit en utilisant les termes appropriés organisés selon les règles de la langue.

On peut observer chez le jeune enfant une évolution graduelle qui le mène d'une communication totale et globale à la parole articulée. Cette évolution se fait sur environ 20 mois chez le jeune enfant normal. Elle prend davantage de temps chez l'enfant trisomique. Le jeune enfant communique avec l'ensemble des moyens expressifs à sa disposition : les mouvements du corps et des membres, l'expression de la face et du regard, les cris et les pleurs, les bruits et les sons qu'il peut produire. Il n'y a pas à ce moment organisation de l'expression selon un mode verbal propre avec toile de fond paraverbale. Malgré la diversité des moyens utilisés, la communication reste peu précise et l'entourage se détache ensuite progressivement : la communication au moyen des bruits et des sons produits au niveau de la bouche et du nez. L'enfant entend les sons et les bruits produits autour de lui ainsi que ses propres productions sonores. Il comprend que le monde des bruits et des sons est intimement lié à celui des personnes et qu'on peut en tirer avantage pour obtenir certains services et prévoir le comportement des autres personnes (par exemple, l'arrivée de la mère dans la chambre, la préparation du biberon). Dès lors, le mode vocal prend le dessus dans la communication. Cependant, le contexte paraverbal ne cessera pas au cours de son existence de jouer un rôle important comme on l'a indiqué plus haut.

A partir du 6e et du 7e mois, l'enfant effectue un nouveau pas en avant dans l'analyse des messages sonores. Il prête davantage attention à la *mélodie* des séquences de sons qui lui sont adressés et devient capable de distinguer les bonnes mélodies des moins bonnes. Les bonnes mélodies sont celles qui annoncent de bonnes choses, par exemple, la bonne humeur et les dispositions favorables de l'adulte. Les mauvaises mélodies ne présagent généralement rien de bon.

C'est par le biais de cette mélodie de la phrase, plus techniquement dit par le biais de la courbe intonatoire de l'énoncé, que l'enfant pénètre la signification du langage. Vers 9 ou 10 mois, le jeune enfant cherche à reproduire les contours intonatoires du langage qu'il entend autour de lui. Les parents ont souvent l'impression à ce moment que le babillage de l'enfant a quelque chose en commun avec la mélodie de la conversation. La voix monte, se stabilise et redescend, monte, se stabilise et redescend de nouveau.

La mélodie du langage est très importante pour le jeune enfant. Elle le restera encore longtemps. Lorsque l'enfant commence à produire ses premiers mots, il en vient vite à se servir de l'intonation pour signifier à l'entourage que le mot en question doit être pris comme un ordre, une requête, un appel à l'aide, une question ou une simple constatation. L'enfant dispose alors d'un début de compréhension des caractères mélodiques du langage. Les progrès suivants lui permettront de dépasser cette approche globale au profit d'une première et grossière saisie du sens de quelques mots fréquemment entendus autour de lui, après quoi il sera prêt à essayer de les reproduire. La boucle sera alors bouclée qui va de la communication totale à l'expression par le moyen de la parole articulée.

C. Le rôle des parents et de l'entourage

Ce rôle est capital et on ne le soulignera jamais assez. Les travaux actuels sur l'acquisition du langage ont mis en évidence le rôle fondamental de la participation parentale dans le développement de l'enfant normal. Chez l'enfant handicapé mental, cette participation est encore plus importante dans la mesure même où les capacités de l'enfant sont restreintes à âge chronologique équivalent par rapport à l'enfant qui se développe normalement. On peut définir le rôle parental dans l'acquisition du langage comme répondant à trois grandes fonctions ou dimensions: 1. *la sélection appropriée des objets, des événements, des relations que l'on verbalise à l'enfant;* 2. *l'adaptation dynamique du langage adressé à l'enfant selon les capacités linguistiques de celui-ci;* 3. *les réactions verbales et non verbales (feedback) aux énoncés produits par l'enfant.* Quelques mots d'explication sont sans doute nécessaires.

Une des dimensions importantes de l'activité des parents en matière d'apprentissage du langage concerne les *choix* qu'ils font pratiquement en toutes circonstances dans la relation verbale à l'enfant (ce sont le plus souvent des choix inconscients ou automatiques mais qui n'en sont pas moins rationnels ou au moins qui devraient l'être) quant à ce qui fait l'objet de la conversation avec l'enfant ou des réponses données à ses questions. Prenons un exemple. Imaginons la situation suivante : un père ou une mère raconte une histoire à son enfant en s'aidant des illustrations qui apparaissent sur les pages d'un petit livre cartonné. L'enfant à 2 ans et demi. Si le message parental est adapté au niveau de l'enfant, il évitera de se centrer sur des aspects de l'histoire et des illustrations qui sont au-delà des possibilités de compréhension de l'enfant. Il se centrera par contre sur certains éléments de vocabulaire clairement mis en relation avec les éléments physiques correspondants (on dit techniquement les référents), sur certaines relations sémantiques compréhensibles par le jeune enfant (devant, derrière, dedans, dehors, à côté, il *arrose* les fleurs *avec* l'arrosoir, il *repeint* le salon *avec* une brosse à peindre, le petit poisson rouge *nage sous l'eau*, etc.), et sur les événements qui font l'objet de la conversation avec l'enfant. L'impact des bons choix parentaux se fait sentir nettement dans le développement du vocabulaire chez l'enfant.

L'adaptation dynamique du langage adressé à l'enfant par les parents signifie qu'un bon environnement linguistique pour l'enfant qui apprend le langage est un environnement dans lequel le langage adressé par l'adulte à l'enfant est adapté au niveau linguistique productif et réceptif de ce dernier. Le niveau de complexité du langage adulte change avec l'évolution linguistique de l'enfant. A mesure que l'enfant se développe linguistiquement, le langage qui lui est adressé par l'adulte devient graduellement plus complexe. Il est souhaitable qu'il en soit ainsi si l'on veut favoriser le développement linguistique chez l'enfant. Le langage de l'adulte doit toujours être un peu plus complexe que celui de l'enfant à qui il s'adresse. En effet, si le décalage entre les deux langages est trop important, le progrès linguistique de l'enfant s'en trouvera ralenti. Si au contraire le décalage entre le langage de l'adulte et celui de l'enfant est trop faible, l'enfant se trouvera dépourvu d'un modèle linguistique suffisamment évolué, ce qui risque de freiner également son développement linguistique. Un décalage moyen est sans doute optimum pour favoriser le développement langagier de l'enfant.

Les parents et les adultes ne font pas que s'adresser verbalement aux enfants. *Ils réagissent* également aux productions verbales des enfants, à la valeur de vérité et aux caractéristiques formelles (la façon dont les énoncés sont formulés) de ces dernières. Les parents corrigent les énoncés enfantins tant en ce qui concerne la forme que le fond. Ils ajoutent aux énoncés des enfants les éléments manquants pour en faire des phrases correctement formées et acceptables sémantiquement. Ainsi les enfants se trouvent-ils très souvent mis en présence d'énoncés corrigés par le soin des adultes de l'entourage. On peut penser que ces pairages systématiques (énoncés modèles de l'adulte — productions enfantines — énoncés enfantins — énoncés enfantins corrigés ou complétés et revus par l'adulte) sont favorables pour l'acquisition du langage, et c'est bien ce que confirme la recherche expérimentale en cette matière.

Les parents approuvent ou désapprouvent explicitement (verbalement ou non verbalement) les énoncés enfantins. Ces approbations ou désapprobations jouent probablement comme renforcements des comportements verbaux et aboutissent à terme à sélectionner les comportements désirables (grammaticalement et sémantiquement adéquats) et à éliminer ou à réduire notablement la fréquence des comportements indésirables (grammaticalement et sémantiquement inadéquats).

On le voit, le rôle des adultes de l'entourage et particulièrement des parents est important dans le processus d'acquisition du langage par l'enfant. Bien qu'il semble que la très grande majorité des parents appliquent ces principes de base au moins d'une façon minimale dans leur relation verbale avec l'enfant, il est clair également que les parents diffèrent très largement entre eux au point de vue de la qualité et de la quantité des stimulations verbales adressées à l'enfant et de l'adéquation des modèles et des feedbacks linguistiques. Les chercheurs contemporains sont d'avis que ces différences individuelles entre parents plus ou moins bons enseignants du langage à leurs enfants expliquent, au moins en partie, les notables différences de rythme existant d'un enfant à l'autre dans le développement et la maîtrise progressive du langage.

Les parents ont donc tout intérêt à prendre conscience de leur rôle et de leur responsabilité dans le processus d'acquisition du langage chez leur enfant. Il faut parler à l'enfant d'une façon qui corresponde à son niveau de compréhension du langage et s'efforcer de réagir adéquatement aux propos de l'enfant tant en ce qui concerne la forme que les contenus. Il va de soi que la même recommandation vaut également sinon davantage encore pour les parents des enfants en retard de développement. Chez ces enfants, le potentiel de développement est restreint par rapport à ce qui existe chez l'enfant normal. L'entourage se devra dès lors de compenser les faiblesses intrinsèques de l'enfant par son intervention dans le processus de développement.

D. La socialisation de l'enfant trisomique 21

Si elle ne se ramène pas à l'acquisition du langage, la socialisation de l'enfant repose très largement sur la pratique et l'utilisation du langage du groupe social. Indépendamment de son rôle instrumental, le langage est porteur de significations sociales et culturelles. Le lexique de la langue, par exemple, reflète les découpages effectués par la culture dans la réalité de l'univers. Il est des langues, par exemple, dans lesquelles existent seulement un petit nombre de mots pour désigner les couleurs du spectre coloré, d'autres au contraire où le nombre de mots utilisés à cette fin est plus élevé. Cela ne signifie pas que la perception des couleurs du spectre varie chez les représentants de l'espèce humaine d'un endroit de la planète à l'autre, en fait elle est pratiquement identique pour tous les êtres humains (normaux à ce point de vue). Il s'agit simplement de découpages sémantiques (linguistiques) différents dans la même réalité physique. Ainsi les mots véhiculent-ils une certaine conception du monde, de la réalité, des relations entre les choses qui peuvent varier sensiblement d'une langue à l'autre. La langue est un instrument de culture en même temps qu'elle en est un produit. La socialisation de l'enfant et son intégration progressive comme membre à part entière du groupe culturel dépendent donc largement de l'acquisition et de la pratique du langage. Il est difficile d'insister trop sur l'importance du langage dans ce contexte de vie de l'enfant, et ceci est valable bien sûr pour l'enfant trisomique 21.

Chapitre 3
Aperçu sur le développement
du langage chez l'enfant trisomique 21

Bien que de nombreux points restent encore obscurs, on peut dire que parmi les enfants handicapés mentaux, c'est le langage des enfants trisomiques 21 qui est le mieux connu. Beaucoup d'études lui ont été consacrées depuis une bonne vingtaine d'années.

Il est commmode de distinguer trois périodes générales dans le développement du langage chez l'enfant trisomique 21 : une période prélinguistique pendant laquelle il n'existe pas de langage à proprement parler mais où le langage est préparé par plusieurs acquisitions importantes qui le préfigurent ; une première période langagière ; et, enfin, une période de développement qui concerne l'enfant plus âgé et l'adolescent. Voyons-les successivement.

A. Avant le langage : communiquer, échanger et interagir

Les spécialistes sont bien d'accord sur ce point à l'heure actuelle : si le langage n'apparaît pas pendant la première année, il est préparé dès les premiers mois de l'existence dans la relation entre le jeune enfant et son entourage. Le mot-clé est « communication». Si le langage est un moyen de communication, la communication, comme on l'a déjà vu, ne s'arrête pas au langage. Elle débute et s'installe avant le langage.

Les premiers mois de l'existence sont caractérisés par la mise en place d'un système de communication et d'actions réciproques entre les parents et l'enfant, et tout particulièrement entre la mère et l'enfant. La situation du repas se prête admirablement à la mise en train de ce système: mère et enfant s'y trouvent la face clairement située dans l'axe visuel l'un de l'autre; les yeux de l'enfant sont à une trentaine de centimètres du visage maternel, ce qui représente exactement la distance pour laquelle l'acuité et la convergence du système visuel du jeune enfant sont les meilleures. La mère parle à son enfant et l'enveloppe du regard. L'enfant apprend vite à saisir du regard le regard maternel. C'est une première forme d'échange réciproque qui s'installe pendant les premières semaines de l'existence du jeune enfant. Il y en aura beaucoup d'autres. Au bout de quelques semaines, se met en place entre un enfant normal bien stimulé et bien entouré et ses parents un premier circuit de communication. Le parent se manifeste, l'enfant répond évidemment de façon non verbale (roucoulements, cris, sourires, mimiques, bruits divers), l'adulte réagit de nouveau, l'enfant également, etc. De véritables petites ébauches de dialogues à un niveau infraverbal chez l'enfant mais avec un début de réciprocité existent entre l'enfant et ses parents, la mère tout particulièrement, dès le troisième ou le quatrième mois. Certes, l'organisation et l'initiation de ces échanges restent pendant longtemps le fait de l'adulte. Ce n'est pas avant la 2e partie de la première année que l'on verra une participation plus active de l'enfant dans la structuration du pré-dialogue avec son partenaire adulte. A ce moment, lorsqu'il se met à vocaliser le jeune enfant devient capable d'espacer quelque peu ses vocalisations pour laisser une place pour les réponses et les interventions du partenaire. On parle alors de *pré-conversation*. La structure conversationnelle avec réciprocité et prise de tours alternées par les interlocuteurs se met donc en place vers la fin de la première année à un niveau infraverbal chez l'enfant, répétons-le encore.

Qu'en est-il de ce développement chez l'enfant trisomique 21 ?
On peut affirmer qu'il est notablement retardé. Le bébé trisomique est souvent décrit comme très calme (trop calme), apathique et peu réactif. Il est un piètre partenaire interactif pour ses parents par rapport à l'enfant normal d'âge chronologique correspondant. Le bébé trisomique ne s'intègre dans un véritable *circuit de communication* avec ses parents que plus tard, bien plus tard que l'enfant normal; le plus souvent pas avant 5 ou 6 mois. Cet âge n'a rien d'officiel. Il s'agit d'une observation. Rien ne dit qu'on ne puisse singulièrement abaisser cette indication chronologique avec un entraînement approprié (voir le chapitre 6). De même, la structuration des dialogues avec l'adulte selon un mode préconversationnel avec réciprocité et espacement des productions vocales qui s'installe vers la fin de la première année chez l'enfant normal n'est pas observable chez l'enfant trisomique 21 avant la seconde partie de la deuxième année. Ce retard conséquent témoigne de l'absence de saisie pendant longtemps chez l'enfant trisomique de la structure de base de la conversion et de l'échange interpersonnel. On peut penser que cette lacune développementale contribue elle-même à retarder de manière importante la suite du développement du langage chez l'enfant trisomique 21. L'installation précoce du circuit de communication avec l'adulte et de la structure protoconversationnelle des échanges verbaux-vocaux entre l'adulte et l'enfant trisomique apparaissent donc comme deux priorités dans les acquisitions à favoriser au niveau de tout programme d'intervention précoce avec ces enfants.

D'autres aspects du développement social et du développement cognitif précoces chez l'enfant trisomique méritent qu'on y prête attention parce qu'ils sont sans doute directement ou indirectement liés au développement de la communication et du langage chez ces enfants.

Le *sourire social* est notablement retardé chez l'enfant trisomique.

On désigne ainsi le sourire semi-volontaire observable chez l'enfant normal dès l'âge de deux ou trois mois en réponse à la situation sociale. Certes, des sourires sont déjà observables plus tôt, en fait dès les premiers jours et les premières semaines, mais il ne s'agit alors que de réponses réflexes à un bien-être physique chez l'enfant mis au sein, repu ou cajolé et qui se décontracte dans la sécurité de l'étreinte maternelle. Ce type de sourire-réflexe est lui-même retardé chez l'enfant trisomique 21. Il n'apparaît pas en règle générale avant 6 semaines et parfois davantage. Cependant c'est au niveau du sourire social que les délais sont les plus importants, pouvant ainsi atteindre plusieurs mois. Dans la même ligne, le temps passé à sourire soit de façon réflexe, soit socialement si on peut dire, aux différents âges, est nettement moins important par rapport au jeune enfant normal. Le bébé trisomique 21 sourit donc plus tard et sourit moins que le bébé en développement normal. Ce retard et cette insuffisance sur le plan de la «quantité» des sourires risquent d'affecter de manière négative la relation naissante parent-enfant, au moins dans certains cas. Il n'est nul besoin d'insister en effet sur l'importance que l'entourage accorde habituellement au sourire chez le jeune enfant et particulièrement à ses premières manifestations.

Les *contacts oculaires* mère-enfant pendant la première année, et notamment au cours des six premiers mois, sont un autre élément d'importance pour le développement d'une bonne relation entre la mère et l'enfant et l'établissement d'un premier système de communication. L'établissement d'un contact oculaire soutenu entre l'enfant normal et sa mère se fait habituellement vers 1 mois. Chez l'enfant trisomique 21, ce contact s'établit vers 7 ou 8 semaines. Chez l'enfant normal, on peut observer un «pic» avec de nombreux contacts oculaires avec la mère vers trois ou quatre mois. C'est à ce moment que se situent les niveaux fréquentiels les plus élevés pour ce type de comportement (voir la Fig. 5). Après cette période, la fréquence des contacts oculaires mère-enfant diminue (sans cependant se réduire à rien). L'enfant cherche en effet à explorer avec plus d'assiduité l'environnement «extra-maternel», c'est-à-dire les objets et les personnes qui se situent au-delà de la mère, dans l'environnement immédiat. Chez l'enfant trisomique, de hauts niveaux et de longs épisodes de contact oculaire mère-enfant sont observables vers 6 ou 7 mois et continuent à intervenir pendant les semaines et les mois qui suivent (Fig. 5).

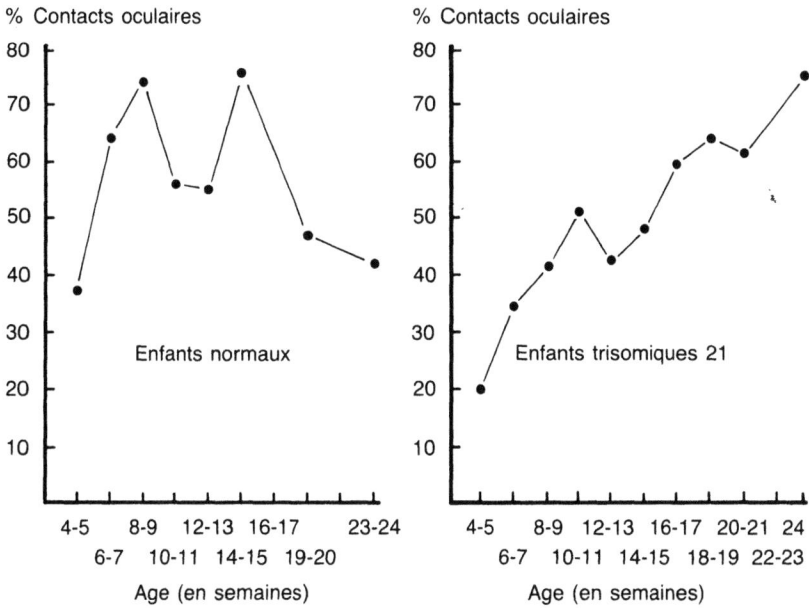

Figure 5: Pourcentages moyens de temps passé en contact oculaire avec la mère au cours des séances d'interaction selon l'âge chez les enfants normaux et chez les enfants trisomiques 21.

On peut penser sans doute que ce retard dans l'évolution des contacts oculaires mère-enfant chez les enfants trisomiques, même s'il est favorable au renforcement du lien affectif avec la mère — ce qui n'est certainement pas négligeable — est à mettre en rapport avec la lenteur de la construction de la connaissance du monde environnant et peut-être les retards dans le développement du vocabulaire dans les mois qui suivent. En effet, si l'enfant trisomique 21 depuis qu'il est tout petit passe moins de temps à explorer l'environnement extra-maternel, il est concevable qu'il le connaisse moins bien et que ce défaut de connaissance se traduise dès lors par des répercussions dans divers aspects du développement.

Ces problèmes chez l'enfant trisomique 21 semblent impliquer un déficit conjugué à la fois maturationnel et psychologique. L'âge du début des contacts oculaires soutenus avec la mère chez l'enfant normal, soit vers 1 mois, paraît correspondre à l'atteinte par le foyer de la rétine (techniquement appelé macula) d'un niveau de maturation suffisant pour « mettre au point » sur de petits objets. Il est possible que le délai observé à ce point de vue chez l'enfant trisomique 21 traduise une maturation plus lente de la zone maculaire. La faible durée des contacts oculaires chez l'enfant trisomique 21 peut être causée également par l'hypotonie relative des muscles des yeux. Quant au prolongement des épisodes de contact oculaire soutenu avec la mère au-delà d'une certaine période chez l'enfant trisomique 21, diverses explications peuvent être avancées. Il se peut que les zone de la rétine situées davantage en périphérie et qui interviennent dans la perception d'un champ visuel élargi arrivent à maturation plus tardivement chez l'enfant trisomique 21 que chez l'enfant normal. Il se pourrait également que les jeunes enfants trisomiques 21 éprouvent une difficulté particulière à inhiber un mouvement ou une fixation lorsqu'il ou elle est entamé(e). Il se pourrait encore que les enfants trisomiques 21 aient davantage de difficultés — et donc doivent disposer de plus de temps — pour « apprendre » le schéma de la face humaine (en commençant ici par celle de la mère).

Les indications reprises ci-dessus font état d'importants décalages développementaux entre enfants normaux et enfants trisomiques 21. Ils sont d'une importance particulière parce qu'ils concernent le volet social de la communication et du (pré)langage ainsi que son organisation séquentielle et réciproque.

Il est d'autres aspects du développement prélangagier qui ont également leur importance mais qui ne concernent pas directement l'organisation sociale des productions vocales. Ce sont les caractéristiques des *sons produits par les jeunes enfants trisomiques 21 sur les plans articulatoire et acoustique*.

Les bébés trisomiques 21 produisent des sons dont la hauteur tonale (musicale) semble varier davantage que les bébés normaux. Cependant, l'éventail des fréquences des sons est le même pour les deux groupes de bébés. Les sons produits sont habituellement compris dans un intervalle qui va de 400 à 8.000 cycles par seconde. Aucune lacune spectrale particulière ne semble exister sur le plan acoustique dans les productions vocales des bébés trisomiques 21, contrairement à ce qui a parfois été avancé.

L'évolution du *babillage* de l'enfant et des sons qu'on peut y distinguer a été étudiée sur les douze premiers mois de vie approximativement. Le babillage et les sons produits par les enfants trisomiques 21 et les enfants normaux ne paraissent pas différer sensiblement pendant cet intervalle de temps. Le nombre de voyelles, de consonnes et de sons qui n'appartiennent pas au langage parlé par l'entourage est comparable. Il en va de même en ce qui concerne la longueur des voyelles et des consonnes produites dans le babil des enfants et pour le type articulatoire des voyelles et des consonnes produites pendant la première année. Ainsi, les consonnes produites à l'arrière de la bouche, comme *k* et *g*, sont les plus fréquentes pendant les six premiers mois. Leur fréquence diminue par la suite tandis que les consonnes produites derrière les dents, comme *t, d* et *n*, deviennent dominantes. Les consonnes dont la production exige un mouvement des lèvres, comme *p, b*, et *m*, conservent une fréquence moyenne et relativement constante pendant la première année (voir la Fig. 6).

Au niveau vocalique, ce sont les voyelles articulées vers le milieu de la bouche (dites médianes), comme *u, eu, e, a* et les voyelles antérieures, par exemple *i, é, è* qui dominent en fréquence tant chez les enfants trisomiques 21 que chez les enfants normaux pendant la première année. Les voyelles produites vers l'arrière de la bouche (dites postérieures), comme *ou, au* et *o*, sont nettement plus rares (voir la Fig. 7).

De même, il semble que le temps passé à vocaliser est à peu près identique chez les enfants trisomiques 21 et chez les enfants normaux dans la seconde partie de la première année, alors que pendant la première partie de la même année, nombre d'enfants trisomiques 21 tendent à vocaliser moins que les bébés normaux.

Vers 8 mois, chez l'enfant normal (avec un étalement allant de 6 à 10 mois approximativement), on assiste au début des redoublements de syllabes (par exemple, «baba»; «bababaa»,

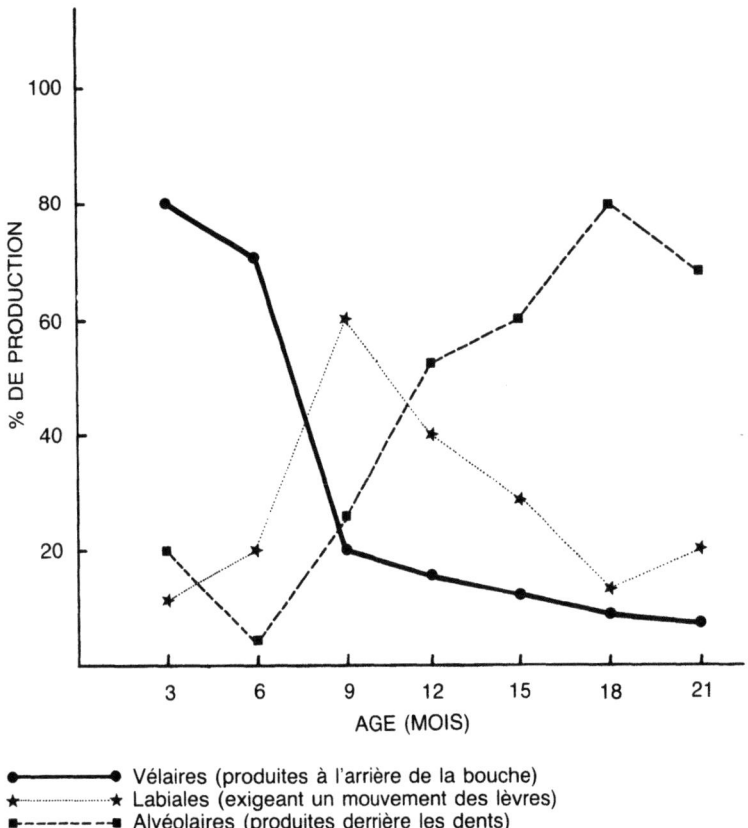

Figure 6: Production des consonnes dans le babillage d'enfants trisomiques 21 entre 3 et 21 mois.

« maman », etc.). Le même développement est observé à peu près au même moment chez les enfants trisomiques 21.

Ainsi, bien qu'il existe un certain nombre de différences anatomiques pertinentes au plan de l'articulation entre enfants normaux et enfants trisomiques 21 (comme, par exemple, l'existence d'un palais voûté, un certain allongement en avant des mâchoires, un fréquent rétrécissement de la cavité buccale et un aplatissement des angles de la mandibule chez les enfants trisomiques 21) auxquelles il faut ajouter la fréquente hypotonie des muscles articulatoires chez ces mêmes enfants, il y a très

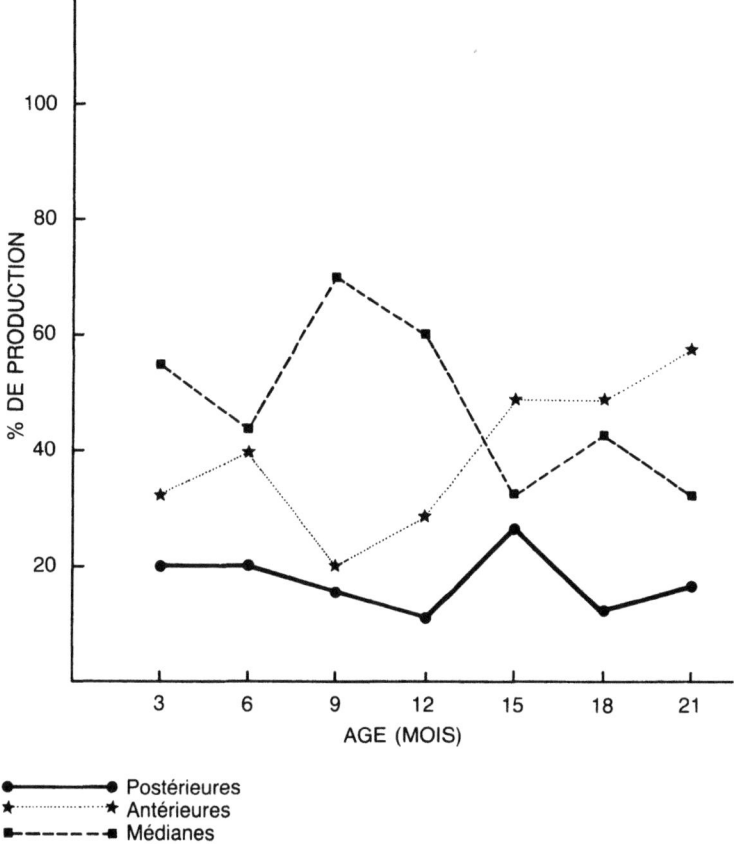

Figure 7: Production des voyelles dans le babillage d'enfants trisomiques 21 entre 3 et 21 mois.

peu ou pas du tout de différences au niveau des sons produits pendant la première année par ces enfants (au moins la plupart d'entre eux). Ceci atteste de la grande flexibilité qui existe au plan articulatoire dans la production des sons chez les êtres humains.

On retiendra pour ce qui est des débuts de la communication et du prélangage chez l'enfant trisomique 21 qu'au moins quatre secteurs de l'organisation des comportements sont sérieusement déficitaires, à savoir la réactivité et l'initiative de l'enfant dans l'interaction avec le partenaire social, le sourire social, les contacts et la référence oculaire, et enfin l'organisation préconversationnelle en prise de tours dans l'interaction vocale avec le partenaire social. Ces domaines apparaissent comme des cibles obligées d'un programme d'intervention précoce avec l'enfant trisomique et son entourage. On peut penser que ces domaines présentent un intérêt tout particulier en ce qu'ils se rapportent aux aspects sociaux, c'est-à-dire interpersonnels des soubassements du développement du langage. On a peut-être trop insisté jusqu'ici sur les aspects phonétiques (sons, cris, caractéristiques vocales, aspects anatomiques) de la communication et du prélangage chez les enfants trisomiques 21 et pas assez sur la structuration des échanges entre ces enfants et leur entourage. Cette structuration semble faire sérieusement problème chez l'enfant trisomique 21. Il est permis de penser qu'elle fait obstacle au développement langagier.

B. Les premières manifestations du langage

Nous y avons déjà insisté, *le développement du vocabulaire* et le développement phonologique correspondant (c'est-à-dire la production en séquences ordonnées des sons qui composent les mots de la langue, soit une activité qui dépasse de beaucoup les simples productions vocales du babillage) sont extrêmement lents chez l'enfant trisomique 21. Les raisons exactes en sont encore peu connues. Nous envisagerons plusieurs aspects du problème dans le cours du chapitre 6. Le lecteur non spécialiste se rendra compte à ce moment que ce qui peut paraître simple à première vue comme la compréhension et la production d'un mot implique en fait une série de connaissances et de capacités conjuguées qui sont loin d'être banales.

On sait que chez l'enfant normal les premiers mots prononcés un à la fois apparaissent entre approximativement 10 et 18 mois. On distingue habituellement une phase lente et une phase plus rapide dans le développement du vocabulaire (encore appelé développement lexical). La phase lente s'étend à peu près d'un an à 20 mois ou deux ans. Pendant cette période, l'acquisition des nouveaux mots se fait lentement, certains mots acquis disparaissent ensuite pour réapparaître parfois seulement bien plus tard. Les mots utilisés pendant cette période sont souvent limités à certaines significations particulières qui ne recouvrent que très imparfaitement le sens que les adultes leur attachent. Par exemple, le mot «wou-wou» fréquemment utilisé pour désigner le «meilleur ami de l'homme» désigne aussi fréquemment à 15 mois les vaches, les taureaux, les chevaux, les chats, les zèbres et autres quadrupèdes. La phase plus rapide commence après deux ans. Tout se passe chez l'enfant trisomique 21 comme si la phase lente du développement lexical s'étendait jusqu'à environ 4 ans. Y succède ensuite une phase plus rapide mais qui n'est cependant pas comparable à celle qu'on trouve chez l'enfant normal après 24 mois, tant du point de vue du rythme que des acquisitions lexicales.

Concrètement, les enfants trisomiques 21 présentent habituellement un an de retard par rapport aux enfants normaux dans l'apparition des tout premiers mots ou de mots comme *papa* et *mama(n)*. A 22-24 mois, la proportion de mots ayant une signification conventionnelle (qu'on peut donc comprendre facilement) n'est que de quelques pour cent chez les enfants trisomiques 21 contre 40 ou 50 pour cent (et parfois davantage) chez les enfants normaux. Indépendamment de ces différences quantitatives, il semble bien que le développement du vocabulaire procède d'une façon fort similaire chez les enfants trisomiques 21 et chez les enfants normaux. Ce sont les mêmes termes qui figurent parmi les premiers à être acquis par les deux groupes d'enfants (*papa, maman, manger, dormir, auto, chien,* — wou-wou — *là, non, au revoir*, etc., soit des termes qui correspondent à des personnes, à des objets ou à des activités qui interviennent fréquemment dans l'environnement immédiat de l'enfant et sont souvent produits par les adultes en présence de l'enfant). Il en va de même en général dans la suite du développement lexical. Le plus souvent, ce n'est pas avant 3 ou 4 ans que des progrès appréciables sont observables dans l'acquisition du vocabulaire chez les enfants trisomiques 21. Dès lors, leur bagage réceptif et productif, c'est-à-dire le répertoire des mots que l'enfant peut comprendre et produire, s'accroît régulièrement mais toujours avec lenteur.

En ce qui concerne *l'articulation* des sons qui composent les mots de la langue, les enfants trisomiques 21 présentent également des difficultés. La parole de ces enfants reste généralement moins intelligible que celle des enfants normaux même plus jeunes. Les difficultés articulatoires concernent les consonnes et notamment les consonnes qui apparaissent plus tardivement dans le développement articulatoire normal, c'est-à-dire *f, v, j, ch, s, l* et *z*. Les difficultés sont accrues lorsque ces consonnes figurent dans des mots plus longs ou plus difficiles à articuler. Les difficultés articulatoires des enfants trisomiques 21 sont dues à plusieurs raisons qui se conjuguent vraisemblablement: hypotonie des muscles des organes de l'articulation, retard de maturation neuromotrice, et parfois un déficit auditif qui peut varier de léger à moyen.

Si les difficultés articulatoires de l'enfant trisomique 21 sont bien réelles et gênent son développement lexical, il ne convient pas cependant d'en exagérer la portée. Certes, il faut chercher à y remédier, mais il faut le faire souplement, sans inhiber par des corrections articulatoires intempestives les essais de production de l'enfant. L'articulation des sons n'est qu'un aspect du langage. Il n'est pas souhaitable que l'arbre cache la forêt. Les parents bien intentionnés procèderont graduellement en permettant à l'enfant de s'exprimer même si la facture phonologique de ses productions laisse gravement à désirer. La qualité de l'articulation de l'enfant trisomique 21 progresse avec le temps, la maturation et les exercices auxquels on peut le soumettre. Après 12 ans, elle est souvent nettement améliorée bien qu'elle ne rejoigne jamais le niveau habituel de la population normale.

Dès qu'il dispose d'un registre lexical suffisant (une vingtaine de mots), soit souvent vers 4 ans, l'enfant trisomique 21 est capable de les combiner deux à la fois pour former de petits énoncés qui préfigurent les phrases du langage adulte. Ces énoncés à deux et ensuite à 3 mots expriment le plus souvent des notions que l'enfant a commencé de comprendre. Parmi ces notions, à ces âges, on trouve la *location* (les objets et les personnes sont localisées momentanément ou pour un temps relativement long à un endroit déterminé; cela permet des énoncés du type «Bébé là» ou «Papa auto» — Papa est dans son auto), la *possession* (tel objet appartient à telle personne; ce qui donne des énoncés du type «Tartine bébé», le *bénéfice*

(«Pour bébé», «Pour moi», «Pour maman», etc.), la *présence* ou *l'absence* d'une entité de l'environnement («parti auto»), une *qualité* prêtée à une personne ou plus souvent à un objet («Café chaud») ou *l'instrument* utilisé pour accomplir une action («Frapper marteau» — On frappe sur le clou avec un marteau). On trouve également les notions *d'agent* de l'action exprimée par le verbe («Bébé mange») et de *patient* (ou receveur des conséquences) de cette même action («Frappe chien» — Le garçon frappe le chien). Pour banales et allant de soi telles qu'elles peuvent nous apparaître, ces notions n'en représentent pas moins une saisie importante par le jeune enfant de certaines régularités existant dans son environnement. Cette saisie doit être encouragée. De même, la découverte par le jeune enfant qu'il peut exprimer (même partiellement et de façon souvent ambiguë) ces réalités au moyen de séquences de mots, n'est pas un fait anecdotique. Elle signe en fait les débuts du langage combinatoire, c'est-à-dire d'un langage typiquement humain avec toute la puissance représentative et communicative qu'il contient.

L'expression verbale de l'enfant trisomique 21 à cet âge est donc caractérisée, comme celle de l'enfant normal plus jeune, par la production d'énoncés comportant deux ou trois mots, rarement davantage, parmi lesquels on repère des verbes d'action qui expriment ce qu'il est convenu d'appeler techniquement une série de *notions sémantiques de base*.

Ce type de langage que l'on qualifie souvent de «*télégraphique*» est également caractérisé par le fait qu'il ne contient pratiquement que des verbes, des substantifs et des adjectifs. Il se dispense des articles, prépositions, adverbes, conjonctions, auxiliaires, etc. qui se trouvent avec une grande fréquence dans le langage standard. Ces omissions justifient l'appellation télégraphique par analogie avec la façon habituelle de rédiger les télégrammes de façon à économiser sur le nombre de mots inclus. A ce stade de développement, donc, l'enfant trisomique 21, comme l'enfant normal plus jeune, produit un langage qui ne retient que les aspects les plus saillants des objets ou des phénomènes décrits et les exprime pratiquement sans aucune infrastructure grammaticale sinon l'ordre des mots («Bébé mange» et non ou beaucoup moins souvent «Mange bébé»), encore que ce dernier soit loin de correspondre toujours à l'ordre des mots adultes.

C. Le langage de l'enfant et de l'adolescent trisomique

Au-delà de 5-6 ans, les énoncés produits par les enfants trisomiques 21 s'allongent progressivement et commencent à incorporer quelques prépositions et articles. L'allongement est lent et laborieux toutefois. Vers 7 ans, on observe des énoncés comptant 3 à 4 mots, parfois davantage. Ce n'est pas avant 10 et 11 ans dans beaucoup de cas que les énoncés produits contiennent 5 et 6 mots. L'allongement graduel des énoncés se poursuit durant les années d'adolescence et même, semble-t-il, durant le début de la période adulte.

Même s'il gagne en longueur d'énoncés et s'il contient davantage de mots grammaticaux, le langage de l'enfant et de l'adolescent trisomique 21 reste pauvre dans son organisation grammaticale. Le marquage du genre et du nombre, l'expression du temps (conjugaisons), l'accord sujet-verbe et adjectif-substantif ne cessent de leur poser de délicats problèmes. Bien que des progrès soient observables dans ce domaine avec l'élévation en âge, l'expression des sujets trisomiques 21, ou tout au moins de la plupart d'entre eux, reste nettement déficitaire sur ce plan.

Le langage de l'adolescent et de l'adulte trisomique 21 est caractérisé par la prédominance d'énoncés de longueur moyenne, le plus souvent formulés au présent, avec une réduction des morphèmes grammaticaux (les mots grammaticaux dont il a été question plus haut). Il y a peu de subordinations. C'est un discours généralement simple sur le plan des structures grammaticales utilisées. Ceci ne signifie nullement, et il faut y insister, que les choses dites, les significations intentées et transmises linguistiquement par les personnes trisomiques 21 soient banales, pauvres ou dénuées d'intérêt, ni que la conversation familière ou moins familière soit au-delà de leurs capacités. Il n'en est rien. Les enfants plus âgés, les adolescents et les adultes trisomiques 21 sont parfaitement capables de converser en respectant les règles habituelles des échanges conversationnels. Les contenus qui figurent dans leurs messages sont généralement adaptés à la situation et à l'interlocuteur. Il s'agit d'un langage simple sur le plan des structures linguistiques utilisées mais pertinent quant aux contenus sémantiques transmis.

Qu'en est-il de la compréhension du langage chez les sujets trisomiques 21 ?

Il faut distinguer entre la compréhension du langage à strictement parler et la compréhension du langage en situation. Pour évaluer, la compréhension linguistique au sens strict, il faut placer le sujet devant une tâche où il ne dispose d'aucune indication extérieure susceptible de lui permettre de deviner le sens des mots et des énoncés qu'on lui propose. Si en présence d'une fenêtre largement ouverte par grand vent, quelqu'un vous dit même en russe (en supposant que vous ne connaissiez pas cette langue) de fermer la fenêtre en désignant cette dernière du regard ou d'un geste de la main, il est fort probable que vous pourrez vous conformer facilement à la consigne verbale ainsi donnée sans connaître ni le vocabulaire ni la grammaire de la langue russe. *Ce type de compréhension est situationnel ou extralinguistique.* Il en va tout autrement si on prend la précaution de vous placer devant une tâche qui exige pour accomplir correctement la consigne de devoir procéder à une analyse linguistique de l'énoncé ou des énoncés proposés. Ainsi mis en présence d'une image représentant un objet disposé sous une table, si on vous propose deux énoncés identiques en tous points sauf en ce qui concerne l'usage de la préposition *sur* ou *sous*, vous ne pourrez répondre correctement à coup sûr que si vous connaissez le sens exact d'au moins une des deux prépositions. *Ce type de compréhension est plus largement linguistique* (lexical dans ce cas).

Les enfants, adolescents et adultes trisomiques 21 sont très capables de se tirer d'affaire dans de nombreux cas avec les éléments de la situation lorsqu'il s'agit de comprendre des messages langagiers. Si la scène décrite est présente sous les yeux ou s'ils en ont été témoins précédemment, ils peuvent utiliser cette information pour comprendre au moins approximativement les messages verbaux auxquels ils sont exposés. Cependant, si on les place devant des tâches plus exigeantes où ils ne peuvent avoir recours aussi facilement au contexte extralinguistique, on s'aperçoit alors que leur compréhension des structures du langage est souvent très imparfaite. Si l'énoncé est complexe, il est souvent mal compris ou compris d'une façon simplifiée par l'enfant trisomique 21. Par exemple, les énoncés comportant des propositions subordonnées ou des phrases à la voix passive sont généralement mal comprises. En dehors de l'accès à la situation qui facilite la saisie du sens, il n'est même pas assuré selon les données expérimentales disponibles que les enfants trisomiques 21 comprennent bien les phrases négatives jusqu'à un âge avancé. Cela ne signifie pas que ces enfants sont incapables de saisir la signification des négations lorsqu'elles sont présentées isolément ou dans des énoncés courts et grammaticalement simples («Non», «Tu ne peux pas», etc.). Mais lorsque la négation vient s'intégrer dans le cours d'une phrase plus longue ou structuralement complexe, elle n'est pas invariablement comprise.

En *résumé*, on retiendra que les personnes trisomiques 21 ont accès à un langage combinatoire qui peut être relativement riche sur le plan des significations transmises mais qui reste insuffisamment développé quant à son organisation grammaticale. Sur le plan de la compréhension, les sujets trisomiques 21 font un usage prépondérant de la situation et du contexte extralinguistique de façon à deviner ce qu'ils ne peuvent saisir par une analyse proprement linguistique des énoncés. Dès lors que les énoncés présentés restent grammaticalement simples et de longueur moyenne, ils peuvent être relativement bien compris. Tout allongement du discours et toute complexification grammaticale rend la compréhension problématique.

Chapitre 4
L'aide et l'intervention en matière de langage avec l'enfant trisomique 21

On peut définir les grands principes de l'intervention de la façon suivante: 1. commencer tôt et s'y tenir; 2. évaluer de façon suivie l'évolution de l'enfant aux différents points de vue considérés; 3. impliquer directement les parents et d'une façon générale l'entourage immédiat de l'enfant trisomique 21; 4. intervenir ponctuellement par la définition d'objectifs concrets à atteindre dans une période de temps déterminée; 5. ordonner les objectifs éducatifs selon une échelle du plus facile au plus difficile, échelle à laquelle on fera se conformer l'intervention éducative; 6. lorsqu'un objectif a été atteint, on y substituera immédiatement l'objectif suivant tout en prévoyant de s'assurer régulièrement du maintien de l'acquisition ou des acquisitions précédentes dans le répertoire comportemental de l'enfant (évaluation du maintien des acquis). Ces principes sont présentés et expliqués dans la suite du chapitre.

A. Aide et intervention éducative

La philosophie générale qui sous-tend l'approche présentée ici est celle de *l'intervention éducative* par le biais de la famille, auprès de l'enfant trisomique 21 et de sa famille autant que possible, et ce dès la naissance de l'enfant; il faut aussi avec l'accord des familles dépasser l'aide simple pour intervenir dans le processus développemental et favoriser celui-ci au maximum compte tenu des connaissances disponibles à l'heure actuelle et des inévitables limites de temps dans les familles et chez les spécialistes. L'aide à l'enfant trisomique 21 et à sa famille est certainement indispensable, et c'est par là qu'il faut commencer. On visitera les familles, on rencontrera les parents qui le souhaitent pour se mettre à l'écoute de leurs problèmes et leur prodiguer avis, conseils et suggestions. On informera également les parents qui le désirent des caractéristiques du développement des enfants trisomiques 21 sur les plans physique, psychologique et social. Beaucoup de bonnes choses peuvent déjà être réalisées de cette façon. Les parents se sentent soutenus. Ils savent qu'il existe des personnes susceptibles de les assister dans les problèmes et les difficultés qu'ils connaissent avec leur enfant trisomique 21. Ils savent qu'ils peuvent se tourner vers quelqu'un qui comprend et connaît leur problème pour dissiper un doute poignant, recevoir un conseil individualisé.

Nous pensons cependant qu'on peut et qu'on doit aller plus loin, sous réserve, répétons-le, de l'accord explicite des parents. Plus loin, cela signifie intervenir activement en collaboration avec les parents — en réalité par le truchement des parents, pour ainsi dire — dans le développement de l'enfant trisomique 21. Intervenir par le truchement des parents, qui sont toujours les mieux placés pour cela, cela veut dire leur apprendre à *observer* et à *évaluer* divers aspects du développement de leur enfant trisomique, convenir avec eux des *objectifs éducatifs spécifiques* à court et à moyen terme, mettre en place avec eux des activités menées régulièrement à bien dans la famille de façon à atteindre ces objectifs aussi rapidement que possible, envisager ensuite d'autres objectifs et d'autres activités, etc.

Une intervention éducative menée précocement et systématiquement a toutes les chances de provoquer un développement psychologique plus rapide chez l'enfant trisomique 21 et peut-être de permettre de pousser ces enfants jusqu'à des niveaux terminaux de développement supérieurs à ce qu'on envisage habituellement. Notre hypothèse générale est que les acquis ponctuels de l'enfant depuis les premiers mois de l'existence jusqu'à bien plus tard sont *cumulatifs*. Ils s'additionnent en quelque sorte, ou mieux, ils s'intègrent les uns aux autres en formant de nouvelles structures plus puissantes pour traiter la réalité et résoudre les problèmes posés par l'existence dans un milieu déterminé. Si on agit systématiquement de façon à provoquer l'acquisition de certains comportements ou de certaines organisations comportementales, on permet aux acquisitions qui suivent dans l'ordre hiérarchique de se faire également plus tôt. On hâte donc le développement dans son ensemble, et le temps «développemental» ainsi gagné peut être mis à profit pour pousser plus loin le développement et les acquisitions.

B. Commencer tôt, s'y tenir et y croire

Comme nous y avons déjà insisté, il importe de commencer l'intervention aussi précocement que possible, c'est-à-dire en pratique dans les mois qui suivent la naissance de l'enfant trisomique 21. Nous présenterons plus loin des éléments d'évaluation comportementale, des objectifs développementaux et des techniques éducatives concernant la première année dans le cadre de l'intervention prélangagière. Le fait de commencer aussi tôt est justifié par les acquisitions qui se mettent en place durant la première année et qui sous-tendent les développements de la communication et ensuite du langage et par les retards attestés du jeune enfant trisomique 21 dans la chronologie de ces premières acquisitions, ainsi que nous l'avons indiqué au chapitre 3.

Il faut se tenir à un plan d'intervention et de travail convenu avec les spécialistes de l'intervention précoce. Il ne servirait à rien ou à pas grand-chose en effet de disperser des efforts éducatifs çà et là sans planification et sans systématicité. Il convient enfin d'y croire! L'intervention précoce n'est pas un mythe. Ses effets sur le développement de l'enfant handicapé sont prouvés. Diverses études menées dans plusieurs pays depuis une bonne dizaine d'années montrent que des bénéfices appréciables peuvent être obtenus de cette manière dans le développement et les acquisitions du jeune enfant handicapé, et notamment du jeune enfant trisomique 21, et que les bénéfices ainsi produits sont durables. La menée d'un programme d'intervention précoce avec les parents des enfants trisomiques 21 est généralement très motivante pour les parents malgré le «travail» qui leur est demandé. Ils perçoivent très vite l'intérêt des activités proposées pour le bien-être et le développement de leur enfant. Ils deviennent rapidement «demandeurs» en matière de continuation du programme. Cette motivation très importante de même que la réalisation et la croyance par les parents qu'ils peuvent faire beaucoup de choses pour le devenir de l'enfant et que ce dernier proprement stimulé et encadré peut se développer considérablement et assumer en fait l'essentiel des capacités qui font partie de son potentiel de développement individuel. Rappelez-vous l'effet «Pygmalion» dont il a été question au chapitre 1.

C. Comprendre que le langage n'émerge pas du néant mais d'une interaction qu'il faut préparer et développer

En venant maintenant plus spécifiquement à l'intervention précoce en matière de langage, il nous faut insister à nouveau sur les «racines interactives» du langage. C'est en interagissant avec l'enfant, en communiquant avec lui de toutes les façons possibles et en utilisant aussi bien les sons que les gestes, les mimiques faciales et les attitudes corporelles qu'on prépare de la meilleure façon le langage. Lorsque ce dernier commence à se manifester, c'est en conversant avec le jeune enfant, en se plaçant à un niveau proche du sien qu'on le met dans la meilleure situation possible pour continuer à bien se développer linguistiquement. Ces principes sont valables pour l'enfant trisomique 21. Avec ce dernier, il faut prendre davantage l'initiative et pallier à son manque d'initiative au moins initialement et structurer davantage les épisodes interactifs. C'est dans un contexte communicatif général bien développé que l'enfant trisomique 21, aura les meilleures chances de se développer linguistiquement au mieux de ses possibilités.

D. Comprendre que le langage est représentation et saisie de la réalité en même temps que communication. Il y a une réalité à analyser et à comprendre avant de pouvoir l'exprimer et la transmettre

Si le langage est communication et interaction et donc *phénomène social*, il est aussi *phénomène cognitif*. Il est aussi représentation de la réalité au même titre qu'un portrait ou une photographie sont également des représentations de la réalité. Les mots symbolisent les choses, les personnes, les événements. C'est en ce sens qu'on peut dire que le langage représente la réalité. A l'événement mentionné dans ce qui suit (imaginez-le) : sur une route de campagne, une voiture rouge dépasse une voiture jaune et se rabat ensuite sur le côté, nous substituons les mots qui constituent la phrase précédente en les disposant selon les règles grammaticales de notre langue. A la réalité en question (qu'on pourrait représenter au moyen d'un dessin, d'un film, d'une peinture, etc.) nous substituons des mots. Il s'ensuit que pour utiliser ces mots correctement, il faut pouvoir établir la bonne correspondance entre les éléments de la réalité appréhendée, les mots et les combinaisons de mots utilisés de façon à les représenter. Cette équation ne va pas de soi.

Nous y reviendrons plus en détail au moment d'aborder le développement du vocabulaire et de l'expression combinatoire au niveau de l'intervention langagière. Disons que de façon à produire du langage, il faut d'abord avoir analysé le réel d'une façon qui correspond à ce qui se fait habituellement dans l'environnement culturel. C'est pourquoi une insistance aveugle sur le mot ou sur l'expression sans souci ni préparation de la saisie du sens et du soubassement cognitif de l'expression linguistique, comme par exemple faire répéter systématiquement à l'enfant toutes sortes de mots et séquences verbales sans autre préoccupation que la répétition elle-même, ne peut servir à grand-chose dans l'acquisition du langage. Nous ne prétendons nullement que l'imitation par l'enfant du parler adulte ne sert à rien. Pas du tout. Mais nous affirmons que l'imitation ne peut être réellement efficace et favorable au développement du langage que si elle s'intègre dans un contact significatif où l'analyse du réel en ses principales composantes (parmi celles qui sont à la portée de la compréhension de l'enfant), composantes qui feront alors l'objet du codage linguistique, est pratiquée systématiquement.

Concrètement, si on veut que l'enfant se sensibilise aux étiquettes verbales (les mots) qui désignent toutes sortes d'états, d'actions, de qualités, de quantités, et de relations sémantiques diverses, il faut d'abord lui faire observer ces éléments de la réalité, lui permettre de les comprendre et de comprendre l'étiquetage verbal qui en est fait. C'est seulement à ce moment que l'enfant sera prêt à les produire et qu'un entraînement à la production passant par la répétition de ce que propose l'adulte pourra être efficace. Il faut faire observer et réobserver à l'enfant trisomique 21 à maintes reprises les éléments de la réalité dont on veut favoriser l'encodage verbal (tel objet tombe, tel objet se déplace, se trouve à tel endroit, produit tel bruit, etc.) tout en verbalisant pour l'enfant avant d'envisager l'entraînement à la production verbale à proprement parler. Le cheminement obligé va de la *saisie cognitive* à la *compréhension verbale* puis à la *production verbale*.

E. Participation des parents à l'éducation langagière de leur enfant

Nous l'avons indiqué plus haut. Ce sont les parents qui sont les mieux placés pour mener à bien l'éducation de leur enfant. Certes, il s'agit d'une évidence. Mais si on examine les pratiques éducatives et rééducatives en vigueur avec les enfants handicapés mentaux depuis le début du siècle, il est frappant de constater qu'en règle très générale les parents ont été largement tenus à l'écart de l'intervention éducative spécialisée. Le point de vue contemporain est différent. La plupart des parents sont intéressés et à intervenir activement pour aider au développement de leur enfant handicapé. Encore faut-il leur en donner les moyens techniques et les pourvoir des notions théoriques indispensables. Il ne peut être question évidemment pour la société de se décharger complètement de l'éducation des enfants handicapés sur les parents. La société a le devoir de former des spécialistes et des éducateurs spécialisés dans les problèmes du handicap et du développement des enfants et des personnes handicapées. Mais il est évident également que ces spécialistes ne peuvent ni ne doivent se substituer aux parents. Parents et spécialistes doivent collaborer activement dans l'intervention éducative auprès des enfants handicapés. Ceci est vrai et général. On peut dire cependant que la recommandation s'applique particulièrement bien au domaine de la communication et du langage en raison de la nature sociale de ces activités et du rôle habituel de la famille comme creuset de développement des capacités linguistiques de l'enfant.

F. Le principe de l'évaluation continue et celui de la substitution des objectifs selon la dimension de temps

Un programme d'intervention langagière du type de celui que nous proposons dans cet ouvrage implique une évaluation continue de l'évolution de l'enfant trisomique 21 au point de vue considéré. Cela signifie que les parents aidés des spécialistes responsables du programme d'intervention devront être dotés des moyens d'évaluer les comportements communicatifs et langagiers de l'enfant trisomique 21 en continu depuis les premiers mois. Il faut donc pouvoir disposer de points de repère développementaux en suffisance et pouvoir y faire correspondre des critères comportementaux clairs. Les chapitres 6 et 7 fournissent les éléments d'information et les progressions nécessaires à cet effet.

L'évaluation est évidemment indispensable à la fois en préalable et en guise de contrôle pour toute intervention. En *préalable*, en effet, puisqu'il s'agit d'abord de situer le niveau développemental de l'enfant avant de pouvoir fixer un objectif éducatif pertinent et de mettre en action les moyens de l'atteindre. En guise de *contrôle* ensuite, de façon à s'assurer que l'objectif éducatif fixé à bien été atteint. Le couple évaluation-intervention est indissociable dans la pratique. Evaluer sans intervenir, c'est dans le cas du handicap, constater une carence et ne rien faire pour y remédier. Intervenir sans évaluer, c'est jouer aux fléchettes dans un épais brouillard qui empêche de voir la cible, si on veut bien nous pardonner cette image un peu simple.

Un second principe d'application en intervention est celui de la substitution des objectifs éducatifs selon la dimension de temps. Une fois que l'objectif précédemment fixé a été atteint et que le comportement nouvellement acquis a été stabilisé au sein du répertoire de l'enfant, il faut passer à la définition d'un second objectif, et ainsi de suite. Les objectifs éducatifs, ici langagiers, seront organisés hiérarchiquement en préalable. Cette hiérarchisation se fera selon les connaissances disponibles en matière de développement du langage chez l'enfant trisomique 21 et chez l'enfant normal. La comparaison avec l'enfant normal ne doit pas surprendre. Les travaux effectués depuis une vingtaine d'années sur le développement du langage chez les enfants handicapés mentaux en général et chez les enfants trisomiques 21 en particulier montrent que dans ses grandes lignes ce développement s'effectue de la même façon et en suivant les mêmes étapes que chez l'enfant normal. La différence — et elle est évidemment importante — est que le développement linguistique chez l'enfant handicapé est beaucoup plus lent que chez l'enfant normal et qu'il demeure incomplet en fin de période développementale. S'il en est bien ainsi — et on a toutes les raisons de le penser à l'heure actuelle — les connaissances sur le processus d'acquisition du langage chez l'enfant normal, ses étapes et sous-étapes sont pertinentes pour ce qui concerne l'enfant handicapé mental. Le développement du langage chez l'enfant normal peut en effet servir de «carte» pour le trajet qui doit être parcouru au plan de l'acquisition par l'enfant handicapé au sens où on peut savoir dans quel ordre se succèdent les acquisitions dans l'évolution linguistique de ce dernier comme dans celle de l'enfant normal.

G. Les différents aspects du langage

Le langage est à la fois réception, c'est-à-dire *compréhension* et *production*. Ces deux volets doivent être évalués séparément. Le système linguistique ou code est organisé simultanément à plusieurs niveaux qui doivent faire l'objet d'une évaluation distincte. Il y a l'étage *phonologique*, c'est-à-dire celui qui concerne les *sons*: leur prononciation correcte et leur discrimination auditive. Il y a l'étage *lexical*, c'est-à-dire celui qui concerne les *mots* de la langue (ou ensembles organisés de sons). Les dictionnaires sont des répertoires lexicaux. Quels mots l'enfant peut-il comprendre et produire? Quelle signification y attache-t-il? Telles sont quelques-unes des questions qui concernent l'évolution du fonctionnement lexical. L'étage *morpho-syntaxique* concerne plus particulièrement ce que nous appelons la *grammaire* de la langue: les accords sujet-verbe, adjectif-substantif, l'ordre des mots et des propositions, le marquage du genre et du nombre, etc. A ces différents niveaux de structuration du langage, correspondent des évolutions développementales distinctes qu'il faut identifier et des pratiques éducatives différentes qu'il nous faudra définir.

Chapitre 5
Indications pratiques sur l'évaluation et l'apprentissage

A. Comment évaluer?

On a indiqué précédemment que l'évaluation des performances et du développement langagier de l'enfant trisomique 21 nécessitait une bonne connaissance du développement de l'enfant normal. Ce que l'enfant normal ou trisomique 21 acquiert au cours de son développement, il l'acquiert selon un certain ordre. Il faut évidemment pouvoir produire d'abord des mots isolés avant de les combiner en séquences organisées. Il y a des ordres obligés dans le développement ou si l'on veut des séquences à respecter. De plus, ce que l'enfant apprend dans un certain domaine influence souvent ses acquisitions dans d'autres domaines. Par exemple, l'enfant qui a appris à produire quelques mots peut s'en servir pour attirer l'attention de l'adulte plus souvent, recevoir davantage de langage et être ainsi en «meilleure position» pour développer ses capacités réceptives. Mais le développement n'est pas une simple juxtaposition sérielle de stades. Il existe des relations entre les divers aspects du développement à l'intérieur d'un même domaine (ici le langage) et entre des domaines développemenaux différents (par exemple, langage et socialisation; le langage en cours d'acquisition et une fois acquis favorise la socialisation de l'individu, aide au développement intellectuel et permet un meilleur contrôle émotionnel). Ce qui nous intéresse au niveau de *l'évaluation*, ce sont *les comportements de l'enfant*. Par définition, un comportement est *observable*. Ce que l'enfant «pense, peut se dire, a l'air de», n'est pas observable. Par exemple, dire: «mon enfant comprend bien ce que je lui dis» ne nous renseigne guère sur son niveau exact de compréhension du code linguistique. Comprend-il des gestes, des mots, des ordres simples accompagnés de gestes, etc., et si oui, lesquels?, sont déjà des questions plus pertinentes et davantage susceptibles de recevoir une réponse précise.

Comment utiliser les échelles développementales (cf. les chapitres 6 et 7)?
1. Prendre les échelles et choisir un sous-domaine.
2. Lire le comportement nº 1.
3. Etablir si l'enfant présente ce comportement. Si l'enfant le présente, placer une croix dans la colonne correspondante. Si l'enfant ne le présente pas: ne rien indiquer. Si on hésite, si on n'est pas certain de la présence du comportement en question, mettre l'enfant dans la situation adéquate pour observer le comportement.
4. Passer au comportement nº 2 et procéder de la même manière.
5. Suivre l'ordre des comportements.
6. Lorsque le sous-domaine est terminé, inscrire «Acquis» en tête de rubrique.
7. Procéder de la même manière pour les autres sous-domaines.

On exige toujours de l'enfant qu'il exécute *seul* le comportement qui fait l'objet de l'évaluation. L'évaluation doit se faire dans le calme et la détente. Les situations de jeux doivent être préférées. Il est souhaitable de fractionner la démarche d'évaluation, de n'y procéder que quelques minutes à la fois de façon à ne pas la rendre fastidieuse et rebutante pour l'enfant et pour l'évaluateur.

Enfin, on prendra quelques notes chaque fois que cela est possible (colonne observation) de façon à disposer de davantage de délais sur ce que l'enfant est capable de faire, quand et comment il le fait.

B. L'apprentissage: démarche générale

Le schéma présenté au Tableau 2 reprend les principales étapes de la procédure générale d'apprentissage.
Voyons ces indications plus en détail.

Tableau 2. Démarche générale d'apprentissage

---

1. Sélectionner une tâche - Définir un objectif d'apprentissage:

    Cet objectif doit être : - Précis et décrit exactement;
    - Adapté à l'enfant, être au niveau de ses capacités;
    - Utile, servir au développement de l'enfant.

2. *Fractionner le comportement en unités simples (qui seront autant d'objectifs intermédiaires dans l'apprentissage du comportement)*

3. *Motiver l'enfant:* Les renforcements

4. *Face à l'enfant, comment procéder concrètement?*

    1. Commencer par les éléments les plus simples du comportement à acquérir;
    2. Expliquer à l'enfant ce qu'on attend de lui;
    3. Renforcer l'enfant.

5. *Evaluation de l'apprentissage*

---

1. Sélectionner une tâche, définir un objectif d'apprentissage

Un objectif est quelque chose que l'on désire atteindre. C'est le point final où on doit aboutir. Choisir un objectif d'apprentissage est primordial. On ne doit pas partir à l'aventure. Il faut décider de ce que l'on désire faire apprendre à l'enfant. Un objectif d'apprentissage adéquat doit remplir plusieurs *conditions*:

a) *Etre précis et être décrit exactement*:

Dire «Je vais aider mon enfant à s'adapter, à être heureux» sont des objectifs trop vagues. De même, dire «Je vais lui apprendre à parler» peut signifier beaucoup de choses différentes: comprendre, répéter, construire des phrases, etc. Par contre, dire «Je vais lui apprendre tel comportement, le sens et l'usage de telle tournure ou de tel mot à tel moment» sont des objectifs précis, décrits en termes de comportements et donc adéquats.

b) *Etre adapté à l'enfant, être au niveau de ses capacités*:

Cela signifie que l'objectif est quelque chose que l'enfant n'a pas encore appris et qu'il est prêt à apprendre. Pour savoir et connaître avec précision ce que l'enfant est capable d'apprendre, il faut l'observer et se servir des points de repère développements (cf. chapitres 6 et 7). Par exemple, on ne peut se mettre à apprendre à l'enfant à composer des phrases comportant 2 ou 3 mots avant qu'il dispose d'un certain vocabulaire et qu'il puisse comprendre des énoncés simples.

c) *Etre utile à l'enfant, servir à son développement*:

Cela signifie que l'objectif d'apprentissage doit être défini également en fonction des besoins et des intérêts de l'enfant. Ce qu'on décide d'apprendre à l'enfant doit toujours pouvoir contribuer à l'amener vers une plus grande autonomie de fonctionnement.

2. Fractionner le comportement en unités simples

Lorsque l'objectif d'apprentissage a été choisi, il s'agit de *le fractionner* en étapes simples, aussi simples que possible. Tout comportement est constitué d'une série analysable de gestes, d'une succession d'unités qu'on peut identifier et enseigner séparément avant de procéder à la nécessaire synthèse.

3. Motiver l'enfant

Motiver l'enfant à l'apprentissage qu'on désire entreprendre, c'est premièrement aménager une *relation chaleureuse* avec lui. C'est instaurer une ambiance détendue et calme. On installera une relation de *jeu*. L'apprentissage ne doit jamais représenter une contrainte, ni pour l'éducateur, ni pour l'enfant.

Secondement, pour qu'un comportement soit appris relativement rapidement, il est utile qu'il soit suivi d'une CONSEQUENCE

POSITIVE. Cette conséquence positive s'appelle un renforcement positif. Il existe différents types de renforcements positifs :
a) *Les renforcements alimentaires* : des bonbons, par exemple.
b) *Les renforcements sociaux* : sourire, embrasser l'enfant, le caresser, etc.
c) *Les renforcements verbaux* : féliciter l'enfant en lui disant «Bravo», «C'est très bien», etc.
d) *Divers événements* : donner accès à l'enfant à une boîte de jeux, lui laisser regarder la télévision, etc.

C'est en observant l'enfant qu'on peut le mieux découvrir ses renforcements préférés. Pour qu'un renforcement soit efficace, c'est-à-dire pour qu'il favorise un apprentissage, il doit remplir les conditions suivantes :
1. Etre approprié, c'est-à-dire correspondre aux préférences de l'enfant.
2. Intervenir *immédiatement* après le comportement.
3. Etre donné (à bon escient) de manière systématique ; chaque fois que l'enfant émet le comportement que vous attendez de lui, faites suivre ce comportement d'un renforcement positif. Si l'enfant produit correctement la réponse demandée mais n'est renforcé qu'une fois sur cinq, la réponse en question aura moins de chance d'apparaître à nouveau et de se manifester dans le répertoire comportemental de l'enfant.

Parmi les renforcements positifs cités, un type de renforcement est à utiliser de préférence aux autres : c'est le *renforcement social*. Les renforcements sociaux consistent à manifester attention et intérêt à l'enfant, à le prendre dans les bras, le caresser, lui sourire, lui parler, l'embrasser, etc. Pour qu'un renforcement social soit efficace, il faut d'abord l'associer à un renforcement positif puissant et plus élémentaire, par exemple un renforcement alimentaire. Progressivement, le renforcement social suffira à motiver les apprentissages de l'enfant. Prenons un *exemple* : supposons que l'enfant soit particulièrement friand de chocolat (il s'agit d'un exemple et non d'une recommandation) et qu'on choisisse ce renforcement positif pour motiver ses premiers apprentissages. On ne peut continuelement utiliser ce renforcement. La meilleure façon de s'y prendre est de n'utiliser le chocolat qu'au départ de l'apprentissage, c'est-à-dire après les deux ou trois premières apparitions du comportement à apprendre. Avant de donner le chocolat, on dira «C'est très bien», on embrassera l'enfant, on le caressera, on le prendra sur les genoux, etc. On fait suivre deux à trois fois les marques d'attention par le chocolat. Puis on supprime le chocolat et on passe au renforcement social seul. Le chocolat ne sera nécessaire que très périodiquement, par exemple au début d'un nouvel apprentissage. En fait, les renforcements alimentaires (bonbons, friandises, nourritures de toutes sortes) doivent être utilisés le moins souvent possible. Enfin, il est utile de varier autant que possible les renforcements positifs de façon à éviter toute ritualisation de la démarche d'apprentissage.

4. Face à l'enfant, comment procéder concrètement?

On vient de voir comment choisir un objectif d'apprentissage, comment diviser cet objectif en étapes, et comment motiver l'enfant à apprendre la tâche, à atteindre l'objectif fixé. Il est nécessaire d'articuler le tout, de comprendre concrètement la marche à suivre face à une comportement que l'on désire faire apprendre à l'enfant.

On choisit un comportement sur la base d'une bonne évaluation et à l'aide des échelles développementales proposées. On fractionne le comportement en unités plus simples. On commence par l'étape la plus simple, celle qui sera la plus rapidement apprise et donc la plus rapidement suivie d'un renforcement positif. Il faut expliquer à l'enfant en termes compréhensibles ce qu'on attend de lui. On exécute pour lui et devant lui le comportement à apprendre en lui proposant ensuite d'y procéder lui-même.

Si besoin est, on aide l'enfant à effectuer le comportement en question. A mesure que l'enfant apprend le comportement, on diminue progressivement l'aide. On progresse par petites étapes. Dès que l'enfant exécute le comportement attendu même imparfaitement et avec aide, on lui dit «*Bravo*, c'est très bien...». On lui donne un de ses jouets préférés, on le caresse, on l'embrasse, etc.

5. Evaluation après l'apprentissage

On considère qu'un comportement est acquis quand l'enfant peut l'effectuer seul, sans aucune aide de la part de l'éducateur. L'enfant doit pouvoir exécuter le comportement en question chaque fois qu'il se trouve dans une situation qui exige la production du comportement ou chaque fois qu'on le lui demande dans un contexte situationnel approprié. Il faut éviter à ce propos toute tentation de type «démonstration de cirque». «Montre un peu comment tu sais faire cela pour mamy, etc.». *Les comportements à faire acquérir doivent avoir leur justification dans un contexte situationnel déterminé.* Les faire produire en dehors de ce contexte sans raison particulière autre que la simple démonstration de la nouvelle capacité revient à interférer négativement avec la séquence des apprentissages et leur adéquation situationnelle.

Chapitre 6
Intervention prélangagière

L'intervalle de développement à couvrir ici ou si l'on veut la série des acquisitions à mettre en place ou à favoriser va de l'installation d'une relation réciproque entre l'adulte (la mère) et l'enfant trisomique 21 à la préconversation et à l'imitation non verbale et verbale en passant par la communication non verbale, par le babillage, et l'exploration de l'environnement physique débouchant sur la notion d'objet permanent. Nous fournissons pour chacune de ces étapes des indications sur les contenus et les comportements à favoriser et sur les progressions qu'il est indiqué de respecter lorsqu'une telle progression existe et est connue.

A. Installation d'une relation réciproque

La première réalisation ou structure à mettre en place, parce qu'elle conditionne les suivantes, est l'installation d'une relation réciproque entre l'enfant et ses parents. Une relation *réciproque* implique que les partenaires dans l'interaction réagissent l'un par rapport à l'autre. Tel partenaire agit de façon à obtenir une réponse de l'autre partenaire. Le second réagit au comportement du premier, etc. Il y a action réciproque et réaction. La réciprocité des comportements avec le jeune enfant existe évidemment dès le départ du côté de l'adulte. Mais elle n'existe pas au début du côté de l'enfant. Ceci est vrai de l'enfant normal et de l'enfant trisomique 21.

On favorisera l'évolution vers une relation réciproque chez l'enfant trisomique 21 au moyen d'une série d'activités simples qui prennent place dans le cours journalier de la vie de l'enfant.

Les routines alimentaires, les changements de langes et de vêtements, le bain

Ces activités journalières sont autant de situations dans lesquelles on peut favoriser l'installation d'une relation réciproque entre la mère et l'enfant. Il s'agit des routines, c'est-à-dire d'activités globales composées d'éléments en succession qui se retrouvent dans le même ordre d'une fois à l'autre. Les routines sont importantes pour le jeune enfant. Elles lui permettent d'obtenir *des points de repère stables* dans la composition de la séquence d'événements qui constitue la routine. C'est pourquoi il est important que les routines interviennent régulièrement dans la vie du jeune enfant (il sera encore temps plus tard d'introduire la nécessaire diversité dans les pratiques éducatives pour éviter toute ritualisation funeste des conduites). Elles sont en effet les premiers éléments qui permettent un début de structuration de l'espace et du temps. Disposant de points de repère dans des activités répétées, le jeune enfant en viendra progressivement à pouvoir anticiper l'étape suivante de la routine. Par exemple, s'il sait que l'entrée dans la salle de bains avec la mise en service du chauffage électrique d'appoint précède le déshabillage intégral, lequel est suivi de calins sur le ventre, le cou et les jambes, avec ensuite les bruits de préparation de l'eau du bain, la mise au bain (contact épidermique avec l'eau et les bords et le fond de la baignoire, soutien maternel), le lavage, la sortie du bain, l'essuyage, le rhabillage, etc. L'enfant peut aux différents moment de la séquence anticiper sur l'événement qui suit. Par exemple, au moment du déshabillage il peut anticiper sur la préparation de l'eau du bain et de la mise au bain. Après le lavage, il peut savoir qu'on va le sortir de l'eau pour l'envelopper dans sa sortie de bain et l'étendre sur la table à langer, etc. Anticipant sur les éléments de la séquence, il peut prendre l'initiative (à son niveau, certes, et dans les limites de ses possibilités) et donc participer activement à ce qui devient alors un échange de comportements entre la mère et l'enfant. Par exemple, au moment où on le déshabille, l'enfant pourra se tourner vers la baignoire, se concentrer sur le bruit de l'eau remplissant la baignoire (plus tard, il la désignera de la main et plus tard encore il la désignera au moyen des mots du langage) et traduira par l'expressivité de ses mouvements corporels son envie (ou sa répulsion) du bain. A ce stade, l'enfant est devenu un partenaire *actif* dans un échange *réciproque*.

On favorisera ce type de développement chez l'enfant trisomique 21 en organisant soigneusement et en respectant assidûment le déroulement des routines alimentaires, de langement, de vestimentation, du bain et éventuellement d'autres routines qui peuvent prendre place dans l'existence du couple mère-enfant. On découpera ces routines en étapes clairement définies et séparées pour faciliter le travail de repérage et de séquentialisation (linéarisation) de l'enfant.

Les jeux et le massage du bébé

Les différents jeux auxquels on peut se livrer avec le jeune enfant sont également autant de situations exploitables afin de promouvoir une relation réciproque entre les partenaires. Les jeux, «Je te regarde, tu me regardes», «Je te touche, tu me regardes», «Je te donne, tu prends» (dès que l'enfant est capable de saisir un objet), «Tu me donnes, je prends», et quantités d'autres possibles sont indiqués dans un but.

Une activité et une situation particulièrement favorable au développement relationnel de l'enfant trisomique 21 — en plus des bénéfices musculaires et organiques qu'on peut en attendre — est le massage des bébés. Frédéric Leboyer a tenté de faire revivre cette pratique maintenant abandonnée en Occident, mais toujours appliquée aux Indes, dans un livre intitulé *Shantala*[1].

---

[1] F. Leboyer, *Shantala*, Paris, Seuil, 1981.

On choisira un moment calme de la journée pendant lequel il y a peu de risque d'être dérangé. On s'isolera avec l'enfant dans la salle de bains ou dans un endroit suffisamment privé de la maison. Il convient également que la pièce soit bien chauffée. L'enfant sera déshabillé et la mère aussi au moins en partie de façon à favoriser le contact épidermique avec l'enfant. La mère se placera en position assise sur une chaise ou un tabouret avec l'enfant couché sur ses cuisses, la tête vers l'intérieur. La mère pourra alors procéder au massage de l'enfant. Il s'agit de favoriser un massage léger et cutané et non un massage sportif proprement musculaire. Encore qu'avec l'enfant trisomique 21, et en raison de l'hypotomie qui caractérise bon nombre de ces enfants, un massage musculaire de temps à autre ou mieux encore régulièrement n'est pas à déconseiller, de façon à tonifier la musculature. Mais l'objectif principal du massage épidermique dont il est question ici est de stimuler les récepteurs cutanés de l'enfant, de lui faire mieux prendre conscience de son corps et des différents éléments du corps qui le composent (schéma corporel). On massera légèrement les différentes parties du corps successivement en prenant soin, après avoir massé et stimulé chaque partie, de «reconstituer le corps dans son ensemble» au moyen de mouvements de massage et de caresses englobant et enveloppant tout le corps. Il est très souhaitable, et ceci nous ramène vers le langage, que les activités de massage soient accompagnées du côté de la mère par de nombreuses verbalisations et vocalisations associées à ses mouvements. L'enfant tendra à y répondre et à répondre aux mouvements de massage et aux caresses maternelles par des vocalisations d'aise et de plaisir. Un véritable dialogue de vocalisations peut alors s'installer et se développer.

B. Communication non verbale et imitation gestuelle

Il est important d'identifier les tentatives de communication non verbale du jeune enfant et de les renforcer soigneusement car elles constituent un passage vers l'expression verbale. La transition vers cette dernière est assurée par les vocalisations, ce qu'on appelle le babillage et l'imitation des sons de l'enfant (voir plus loin).

Le relevé qui suit fournit une échelle d'évaluation sommaire, mais utile, des principaux types de comportement de communication non verbale chez le jeune enfant. On y trouve comme pour les autres échelles d'évaluation proposées dans ce livre, une ordination approximative des conduites selon le développement, une définition précise des conduites, un endroit où faire figurer l'indication du repérage lorsque le comportement en question a été repéré dans le répertoire de l'enfant, et une rubrique où noter éventuellement diverses indications additionnelles concernant les observations faites.

Comment favoriser l'évolution de la communication non verbale chez le jeune enfant? Différents moyens existent qui sont répertoriés ci-dessous.

Favoriser la communication non verbale chez le jeune enfant

Pour favoriser ce type de communication chez l'enfant, il faut, dès les jours qui suivent la naissance, *entrer en contact avec lui*, et par tous les moyens. Il faut parler à l'enfant, le toucher, le caresser. Il faut approcher son visage du sien, lui sourire, lui faire des grimaces, etc. L'enfant doit rapidement réaliser l'usage qu'il peut faire de ses cris, pleurs et gestes pour communiquer avec son entourage. *L'adulte doit donc répondre généreusement aux expressions de l'enfant*, notamment celles qui traduisent un état d'inconfort, de besoin. *Il ne faut pas toujours prévenir les désirs de l'enfant*, mais bien l'amener à s'exprimer. Par exemple, stimuler l'enfant à tendre les bras pour être porté, plutôt que le prendre dans les bras avant qu'il en ait manifesté le désir. Pour favoriser l'expression gestuelle chez l'enfant, il est utile d'être systématique dans l'usage des gestes. Il faut essayer de présenter toujours le même geste pour désigner ou mimer la même chose ou le même événement. En produisant des gestes, il est indiqué de verbaliser, en même temps. Par exemple: «Elle fait vraoum, l'auto», «Au revoir», en agitant le bras, etc.

Communication non verbale : échelle d'évaluation

N° d'ordre	Définition des comportements	Repérage	Observations
1	Fait état de ses besoins de base (nourriture, propreté, sécurité, compagnie) par des cris et des pleurs.		
2	Sourire-réflexe (et autres modifications faciales) en situation d'aise et de détente (par exemple, après le nourrissement).		
3	Sourire social en réponse au sourire de l'adulte familier.		
4	Sourire d'anticipation (anticipant l'approche de l'adulte familier ou un autre événement favorable).		
5	Manifeste de la peur ou de l'inconfort en présence de personnes non familières.		
6	Manifeste de l'inconfort ou de l'insatisfaction dans des endroits ou des situations non familières.		

Communication non verbale : échelle d'évaluation (suite)

N° d'ordre	Définition des comportements	Repérage	Observations
7	Se retourne à l'approche d'une personne arrivant par derrière		
8	Tend les bras pour être porté, déplacé sorti du lit, de la poussette, de la baignoire, du trotte-bébé, etc.		
9	Secoue la tête pour signifier « non ».		
10	Montre du doigt des objets proches désirés.		
11	Montre du doigt des objets plus éloignés.		
12	Pousse ou tire les personnes pour leur montrer un objet désiré.		
13	Secoue la tête pour signifier « oui ».		

Après ces quelques conseils généraux, nous passons en revue quelques jeux et exercices qui peuvent aider l'enfant à améliorer sa compréhension et son expressivité non verbale.

1. Apprendre à l'enfant à faire « non » de la tête

Choisir un moment de la journée où on fait quelque chose avec l'enfant que l'enfant n'aime pas. Par exemple, laver la figure de l'enfant. On arrête le geste en faisant « non » de la tête et en regardant l'enfant. Dès que l'enfant imite en faisant « non » de la tête à son tour, on arrête l'activité en cours. Répéter la manœuvre à intervalles réguliers.

2. Apprendre à l'enfant à désigner un objet de la main

On se place en face de l'enfant à table, ou sur le sol. On choisit un des objets préférés de l'enfant et on le place juste en dehors de sa portée. On augmente progressivement la distance entre l'enfant et l'objet jusqu'à ce que l'enfant soit obligé de tendre les bras pour atteindre ce dernier. On augmente encore la distance entre l'enfant et l'objet, de telle manière qu'il soit obligé de tendre les bras vers l'objet pour le désigner sans pouvoir le saisir. On donne l'objet à l'enfant dès qu'il a tendu les bras vers l'objet et l'a ainsi désigné à l'adulte.

3. Apprendre à l'enfant à faire « oui » de la tête

On place l'enfant en face de soi, soit à une table, soit sur le sol. On prend un de ses jouets préférés et on le place en dehors de sa portée. On lui montre l'objet en lui disant « Le veux-tu ? », en faisant « oui » de la tête. Quand l'enfant imite le mouvement de tête qui signifie « oui », on lui donne l'objet. Il faut être sûr que l'enfant désire l'objet et il faut le lui donner dès qu'il tend les bras vers l'objet et fait « oui » de la tête. Répéter la procédure avec des objets différents.

4. Les chansons enfantines

Les chansons enfantines accompagnées de gestes simples et de mimes sont particulièrement indiquées pour apprendre à l'enfant à s'exprimer gestuellement. Aux moments calmes de la journée, on peut chanter à l'enfant en accompagnant ses paroles de gestes simples. On veillera à exécuter ces chansons devant l'enfant afin qu'il voit bien les gestes et les mouvements des lèvres. Petit à petit, on guidera les mains de l'enfant pour lui faire exécuter les mêmes gestes tout en continuant à chanter. Si la chanson fait allusion à des objets de tous les jours, on les utilisera dans le contexte ou même associés à la chanson.

Imitation gestuelle

L'apprentissage de l'expression et de la communication gestuelle peut se faire également par le biais d'activités organisées d'imitation. Imiter signifie reproduire aussi fidèlement que possible le comportement d'un modèle (comportement modèle). Nous fournissons ci-dessous une échelle d'évaluation se rapportant à l'imitation gestuelle.

Favoriser les comportements imitatifs gestuels chez le jeune enfant

1. *Au début l'enfant n'est pas capable le plus souvent d'imiter autrui, il peut seulement s'imiter lui-même.* A ce stade, on peut encourager l'enfant en lui procurant des objets intéressants : des objets à frapper, des objets qui bougent, des objets qui font du bruit, des objets qui changent de couleur, etc. Cela encouragera l'enfant à découvrir les propriétés de chaque objet et à repérer les actions qu'il peut leur imprimer. Ne présenter qu'un objet à la fois.

2. *Lors de la seconde étape, on imite soi-même l'enfant.*
Par exemple, l'enfant frappe sur une balle. Directement après lui, on fait de même. Ainsi, l'enfant est incité à frapper à nouveau la balle, à continuer son action après celle du partenaire.

3. *Ensuite, on amène l'enfant à imiter une action, un geste qu'on lui a déjà vu faire.* Par exemple, s'il arrive à l'enfant de tirer sur la ficelle d'un pantin articulé, on prend ce jouet et on tire sur la ficelle devant l'enfant. On stimule alors l'enfant à faire de même. Autre exemple : prendre un hochet qui fait du bruit lorsqu'on l'agite et donner un hochet semblable à l'enfant. Supposons qu'on ait déjà observé l'enfant faire le geste qui va être proposé à l'imitation. On agite le hochet devant l'enfant, l'enfant imite. Pendant que l'enfant imite, on continue à agiter le hochet en même temps que lui.

Imitation gestuelle : échelle d'évaluation (suite)

N.° d'ordre	Définition des comportements	Repérage	Observations
5	Imite des expressions faciales.		
6	Imite des actions diverses qui n'ont plus nécessairement trait au corps et au visage.		
7	Imite des actions plus complexes observées dans le cadre des activités de la maison (par exemple, balayer ou aspirer, prendre les poussières, mettre la table, etc.).		
8	Début des jeux symboliques, c'est-à-dire des jeux à « faire-semblant » (par exemple, faire semblant de manger, faire semblant de dormir, de conduire une voiture, utiliser une petite boîte et la faire se mouvoir comme s'il s'agissait d'une automobile, etc.).		

Imitation gestuelle : échelle d'évaluation

N° d'ordre	Définition des comportements	Repérage	Observations
1	S'imite lui-même (c'est-à-dire répète ses propres comportements).		
2	Continue de répéter un comportement propre si l'adulte l'imite.		
3	Répète une action simple qu'il a déjà accomplie si on la commence devant lui.		
4	Peut imiter une action simple nouvelle.		

4. *Amener l'enfant à imiter une action nouvelle*, une action qu'il n'a jamais effectuée jusque-là. Par exemple, lui apprendre à faire «au revoir». Ce geste est généralement appris très tôt par l'enfant. Il convient qu'il soit produit dans les circonstances appropriées afin que l'enfant en comprenne bien la signification. Ne pas oublier que l'enfant ne peut imiter que ce qu'il est en mesure de comprendre (au moins partiellement).

5. Quand l'enfant est capable d'imiter de telles actions, on peut l'amener à *imiter des expressions faciales*. Exemples : ouvrir, fermer la bouche, pincer les lèvres, tirer la langue, etc. Plus tard, on peut aider l'enfant à produire des sons. Par exemple, en mettant sa main sur la bouche de l'enfant et en la retirant ensuite. Ces exercices d'imitation sont excellents pour renforcer les muscles de la langue et des lèvres.

Pour inciter l'enfant à imiter un nouveau geste, *deux adultes sont parfois nécessaires*. L'un des adultes fournit le modèle à imiter bien clairement devant l'enfant, pendant que l'autre guide les mains de l'enfant en se plaçant derrière lui. On peut utiliser ce procédé, par exemple, lorsqu'on apprend à l'enfant à frapper dans les mains. L'enfant ne peut coopérer tout de suite, mais seulement progressivement. Le second adulte guidera l'enfant progressivement de moins en moins et frappera dans ses propres mains.

Quelques autres jeux d'imitation :

- Pousser une auto en faisant du bruit.
- Bercer une poupée.
- L'adulte puis l'enfant imitent à tour de rôle. Par exemple, mimer un animal avec son cri.
- Imitation devant le miroir qui doit permettre à l'enfant de se voir tout entier ainsi que le modèle.

6. *Les jeux symboliques* ont une grande importance. Ils n'apparaissent pas spontanément chez l'enfant normal avant la seconde année. On ne les attendra donc pas trop tôt chez l'enfant trisomique 21. On peut les préparer (à partir de la fin de la première année ou le début de la seconde année) si on a l'impression que l'enfant peut commencer à les comprendre et s'il

a maîtrisé les autres acquisitions relatives au développement de l'imitation. Le point important dans ces jeux est qu'ils mettent en exergue une convention symbolique momentanée (bien qu'elle puisse persister pendant un certain temps) auquel les partenaires doivent adhérer — s'il y a des partenaires car l'activité peut être solitaire. On peut favoriser ce développement en proposant à l'enfant des conventions symboliques auxquelles il peut adhérer et qu'il pourra réutiliser ensuite. Par exemple, prendre une boîte (petite) et la déplacer avec les bruits adéquats comme s'il s'agissait d'une voiture («Regarde, c'est — ou c'est comme — une petite voiture»). Faire semblant de dormir en fermant les yeux et en reposant la tête sur un objet qui devient un coussin par convention, etc.

Ces activités symboliques sont importantes car elles contribuent à préparer le langague. Le langage est un outil symbolique au sens où les mots représentent symboliquement la réalité. La relation entre les mots et les choses, les personnes et les événements du monde sont également conventionnelles comme dans le jeu symbolique. La différence est qu'avec le langage, la convention en question est permanente. En ce qui concerne le jeu symbolique, on peut la modifier à sa guise, c'est un jeu.

C. Babillage

Dès le troisième mois environ, chez l'enfant normal, on assiste à la production certes encore peu claire du point de vue acoustique et peu précise du point de vue articulatoire, de sons. A partir du 6e ou 7e mois, les sons du babil de l'enfant commencent à être influencés par le langage de l'entourage dans sa dimension phonétique. Il ne semble pas, comme nous l'avons indiqué au chapitre 3, que l'enfant trisomique 21 diffère sensiblement du jeune enfant normal du point de vue du babillage, au moins en ce qui concerne la première année. Dans chaque cas particulier, on vérifiera s'il en est ainsi et au besoin, on interviendra de façon à faciliter le développement du babillage chez l'enfant trisomique 21. A cette fin, nous fournissons ci-dessous une échelle d'évaluation sommaire se rapportant à cet aspect de l'évolution du jeune enfant.

Babillage : échelle d'évaluation

N° d'ordre	Définition des comportements	Repérage	Observations
1	Emet divers sons peu ou pas différenciés (selon ce qu'il ressent ou différents moments de la journée).		
2	Produit un ou plusieurs sons particuliers relativement différenciés lorsqu'il réclame de l'attention.		
3	Produit des sons proches des voyelles mais encore difficilement identifiables.		
4	Produit des sons proches des consonnes mais encore difficilement identifiables.		

Babillage: échelle d'évaluation

N° d'ordre	Définition des comportements	Repérage	Observations
5	Les sons proches ou semblables aux voyelles médianes (*u, eu, e, a*) dominent en fréquence dans le babillage de l'enfant.		
6	Les sons proches ou semblables aux voyelles antérieures (*i, é, è*) et postérieures (*ou, au, o*) deviennent plus fréquents dans le babillage.		
7	Les consonnes vélaires (*k, g*) sont les plus fréquentes dans le babillage. Elles sont produites soit seules, soit en syllabes avec l'une ou l'autre voyelle.		
8	Les consonnes labiales (*p, b, m*) et surtout les consonnes alvéolaires (*t, d, n*) deviennent plus fréquentes dans le babillage. Elles sont produites soit seules, soit en syllabes avec l'une ou l'autre voyelle.		

Babillage : échelles d'évaluation (suite)

N° d'ordre	Définition des comportements	Repérage	Observations
9	La structure syllabique du babillage s'accuse. L'enfant produit davantage de syllabes (consonne-voyelle ; consonne-voyelle-consonne) dans son babillage.		
10	A une écoute attentive, des portions du babillage de l'enfant reproduisent approximativement certaines mélodies du langage courant (mélodie ascendante — en fin de phrase adulte s'il s'agit d'une question[1] ; mélodie descendante — en fin de phrase adulte s'il s'agit d'une déclaration).		
11	Début des duplications volontaires de syllabes (par exemple, « mamama », « tata-ta », etc.		
12	Le contrôle volontaire de l'enfant sur la production des voyelles, des consonnes et des syllabes s'améliore. L'articulation devient plus précise, le débit articulatoire est plus régulier.		

[1] Ceci n'est vrai que pour certains types de question dans le langage adulte, notamment celles qui utilisent l'intonation pour signaler leur nature interrogative (par exemple, « Tu as terminé ton travail ? »).

Favoriser l'expression et la communication vocale chez le jeune enfant

Dans cette section comme dans celle qui précède, nous envisageons l'imitation comme un des moyens à disposition dans l'apprentissage.

Une bonne façon de favoriser l'expression et la communication vocale est de *stimuler constamment l'enfant verbalement et vocalement*. Il est important de parler beaucoup avec l'enfant même si celui-ci n'est pas encore à même de comprendre le sens des paroles prononcées. Il est également bénéfique pour l'enfant *de le laisser vocaliser longtemps en public et en privé,* dans ses jeux, par exemple. De temps à autre, *on peut lui renvoyer ses vocalisations* en faisant varier la hauteur, l'intensité et la mélodie. Nous avons signalé que l'enfant doit être sensible à la *mélodie* des conversations et apprendre à la reproduire dans ses productions. En s'adressant à l'enfant, on mettra en évidence autant que possible les courbes intonatoires du discours.

On sera attentif à *bien accueillir les productions de l'enfant.* On renforcera les vocalisations en les répétant et en les félicitant. Les réactions favorables de l'entourage auront pour effet de favoriser l'accroissement quantitatif des vocalisations de l'enfant en présence des adultes familiers.

On peut faire appel et utiliser un certain nombre de jeux de façon à favoriser la production de vocalisations chez l'enfant et l'établissement d'une bonne communication sociale entre l'enfant et son entourage.

Jeux proposés
1. L'enfant est davantage «bavard» à certains moments de la journée. *Le moment du bain*, dans une pièce qui renvoie généralement fort bien les sons et les bruits, en est un. Profitez de cette occasion pour encourager l'enfant à vocaliser en chantant, en parlant et en riant avec lui. On peut utiliser *le miroir* de la salle de bains. C'est un autre avantage de cette pièce. Le miroir permet à l'enfant de voir ses mouvements de bouche pendant qu'il vocalise. Placez-vous derrière lui et vocaliser à votre tour. Accompagnez vos verbalisations et vocalisations par des gestes qui amuseront l'enfant.

2. Les vocalisations sont généralement produites *lorsque l'enfant joue, est joyeux et stimulé*. *Certains jeux et jouets* peuvent favoriser ces vocalisations : tels que les jouets en plastique qui s'agitent lorsqu'on les touche, les jouets « crieurs » et en général tous les jouets qui font du bruit. Il faut répondre aux vocalisations de l'enfant en riant et jouant avec lui.

3. Une autre manière de stimuler les vocalisations de l'enfant est, chaque fois que l'enfant émet un son, d'agiter un objet. On lui donne l'objet dès qu'il vocalise. Ainsi l'enfant pourra comprendre que lorsqu'il émet un son, des choses intéressantes peuvent se produire.

4. Pour stimuler les vocalisations, on peut bricoler un *petit appareil comportant des lampes*. Une boîte en carton dans laquelle on pratique deux orifices suffisamment grands pour y introduire une ampoule peut suffire. On décore le côté du carton ainsi troué afin de représenter, par exemple, le visage d'un clown. Les 2 ampoules peuvent représenter les yeux du clown. On installe un interrupteur de façon à pouvoir allumer et éteindre les lampes. On place l'enfant face à cette boîte chaque jour pendant environ dix minutes, de manière qu'il la voit bien mais sans la toucher. Le principe du jeu est d'allumer les lampes et de les faire clignoter pendant quelques secondes dès que l'enfant produit un son.

5. Une étape importante est franchie lorsque l'enfant peut *se répéter*. L'enfant produira par exemple : « mamama » ; « gagaga », etc. C'est le premier stade de l'imitation vocale proprement dite. Quand l'enfant est capable de répéter ainsi des syllabes, il est prêt à imiter de nouveaux sons si on engage un « dialogue » avec lui. Quand l'enfant dit : « bababa », *répondez-lui non seulement en répétant :* « bababa » (ce qui l'incitera à continuer ses vocalisations), mais *aussi en intégrant les syllabes dans un mot*; par exemple : « baba » comme « la baballe » et en montrant l'objet ainsi désigné. Cette réponse ne doit pas être donnée de manière automatique et sur un ton monotone, mais de façon enjouée et bien rythmée.

N.B. : on verra aussi la section F de ce même chapitre.

D. **Les personnes, les choses et les événements de l'environnement. Le problème de la référence et la notion d'objet permanent**

Nous avons vu au chapitre 3 que l'enfant trisomique 21 met davantage de temps que l'enfant normal a atteindre un niveau important de contact oculaire avec la mère pendant les premiers mois. Une fois qu'il y est arrivé et que le contact oculaire mère-enfant est bien établi avec les bénéfices affectifs que cela peut représenter pour la mère et pour l'enfant, il lui faut pour ainsi dire aller au-delà de la mère pour explorer et découvrir l'environnement para- et extra-maternel, c'est-à-dire les personnes, les choses et les événements en dehors de la mère; personnes, choses et événements avec et dans lesquels la mère peut être et est traditionnellement impliquée.

Ce type d'évolution vers l'exploration et la découverte de l'environnement para- et extra-maternel est également retardée chez l'enfant trisomique 21. Il faut chercher à le favoriser systématiquement dès que le contact oculaire avec la mère est établi depuis quelque temps. Il y a 2 procédés généraux à utiliser à cette fin. Les deux sont utilisés spontanément par l'enfant normal en cours de développement.

Le premier consiste pour l'enfant à regarder directement les objets et les personnes «au-delà de la mère». On favorisera ce mode de fonctionnement en présentant à l'attention de l'enfant autant d'objets attrayants que possible — tout en les nommant pour l'enfant — et en s'arrangeant pour que l'environnement habituel de l'enfant soit suffisamment riche en objets et matériaux divers. Le second moyen consiste pour l'enfant à suivre les déplacements de l'adulte dans la pièce dans un premier temps et dans un second temps, plus tard lorsqu'il s'en trouve capable, à suivre du regard le regard de l'adulte. Ce second stratagème plus évolué et plus exigeant que le premier garantit en quelque sorte la co-référence entre l'adulte familier et l'enfant. L'enfant et l'adulte poseront leurs regards au même moment sur le même objet ou la même personne ou seront les témoins du même événement au même moment, cette co-référence sera fort utile lorsqu'il s'agira pour l'enfant d'apprendre la relation entre les mots du langage et leurs référents.

On peut favoriser la co-référence, encore appelée parfois « at-tention conjointe » en captant l'attention et le mouvement des yeux de l'enfant (« Regarde-moi ») et puis en déplaçant son regard vers un objet attirant (« Regarde-le.... », « Tu vois le... »). Ce type de stratégie générale peut être largement utilisée dans quantité de jeux et d'activités journalières avec le jeune enfant trisomique 21.

La notion d'objet permanent

L'enfant ne naît pas avec la faculté de comprendre ce qui existe et ce qui se passe autour de lui. Il doit l'apprendre. Le bébé doit se familiariser avec divers objets, diverses personnes et des événements inconnus. Il apprend tôt à reconnaître la personne la plus importante de son entourage, sa mère. C'est elle qui va devenir son interlocuteur privilégié. C'est à elle d'abord que bébé va adresser ses cris et ses pleurs en vue d'assurer la satisfaction de ses besoins affectifs et organiques. Pour le bébé, la mère est un personnage central qui constitue une *figure stable, rassurante*. La mère est là et le bébé lui attribue une certaine stabilité parce qu'il la retrouve semblable d'un jour à l'autre. Il en reconnaît la voix, puis la stature, les manières et même l'approche et la présence silencieuse. Bientôt, il reconnaîtra d'autres personnes de son entourage. De même, il pourra *reconnaître certains objets familiers*. A ces objets du monde physique, il va attribuer progressivement stabilité et permanence.

La notion d'objet permanent

L'enfant ne naît pas avec la faculté de comprendre ce qui existe et ce qui se passe autour de lui. Il doit l'apprendre. Le bébé doit se familiariser avec divers objets, diverses personnes et des événements inconnus. Il apprend tôt à reconnaître la personne la plus importante de son entourage, sa mère. C'est elle qui va devenir son interlocuteur privilégié. C'est à elle d'abord que bébé va adresser ses cris et ses pleurs en vue d'assurer la satisfaction de ses besoins affectifs et organiques. Pour le bébé, la mère est un personnage central qui constitue une *figure stable, rassurante*. La mère est là et le bébé lui attribue une certaine stabilité parce qu'il la retrouve semblable d'un jour à l'autre. Il en reconnaît la voix, puis la stature, les manières et même l'approche et la présence silencieuse. Bientôt, il reconnaîtra d'autres personnes de son entourage. De même, il pourra *reconnaître certains objets familiers*. A ces objets du monde physique, il va attribuer progressivement stabilité et permanence.

De même que la référence, la permanence de l'objet est d'importance pour l'apprentissage du langage, particulièrement du vocabulaire. L'enfant doit comprendre qu'on parle en référence à des événements, des personnes, et des objets qui sont identifiables dans le monde environnant et que ces objets ont — dans certaines limites — une permanence qui fait qu'il est justifié «économiquement parlant» de les étiqueter verbalement et d'en retenir les appellations. Une fois les entités stables de l'environnement étiquetées verbalement, il restera à identifier et à verbaliser les relations qui existent entre ces entités et leurs utilisateurs. Nous y viendrons plus loin. Dans ce qui suit, nous fournissons les échelles d'évaluation qui se rapportent aux conduites de fixation visuelle, de poursuite visuelle, les réponses auditives aux personnes et aux objets, l'intégration visuo-manuelle, l'exploration de l'environnement, la solution de petits problèmes environnementaux et les stratégies de recherche des objets disparus ou cachés, stratégies attestant de l'installation progressive de la notion d'objet permanent dans ses différentes composantes (sensorielles, motrices, cognitives) et des débuts de la représentation mentale des objets et de leurs déplacements successifs éventuels dans l'espace familier. On saisit là la première structuration temporo-spatiale du fonctionnement cognitif chez le jeune enfant.

1. Fixation visuelle : échelle d'évaluation

N° d'ordre	Définition des comportements	Repérage	Observations
1	Fixe un objet de taille moyenne immobile pendant 3 secondes.		
2	Fixe un petit objet immobile pendant 3 secondes.		
3	Fixe un objet de taille moyenne immobile présenté pendant plus de 3 secondes		
4	Fixe un petit objet immobile pendant plus de 3 secondes		

1. *Fixation visuelle: échelle d'évaluation (suite)*

N° d'ordre	Définition des comportements	Repérage	Observations
5	Fixe un objet se déplaçant horizontalement dans l'axe médian.		
6	Fixe un objet se déplaçant de la périphérie vers le centre.		
7	Fixe un objet se déplaçant verticalement.		
8	Fixe un objet mais déplace son regard lorsqu'un second objet entre dans son champ visuel.		
9	Lorsque deux objets sont tenus devant lui, il regarde alternativement l'un puis l'autre.		

2. Poursuite visuelle : échelle d'évaluation

N° d'ordre	Définition des comportements	Repérage	Observations
	A. *Poursuite oculaire - objet dans le champ visuel*		
1	Suit des yeux un objet qui se déplace horizontalement dans son champ visuel.		
2	Suit des yeux un objet qui se déplace verticalement dans son champ visuel.		
3	Suit des yeux un objet qui se déplace circulairement dans son champ visuel.		
4	Suit des yeux un objet qui se déplace selon une trajectoire irrégulière.		

2. Poursuite visuelle : échelle d'évaluation (suite)

N° d'ordre	Définition des comportements	Repérage	Observations
B. Poursuite des yeux et de la tête - objet dans le champ visuel			
5	Suit de la tête et des yeux une personne qui se déplace dans son champ visuel.		
6	Suit des yeux (avec la participation de la tête) un objet qui est poussé en avant de lui.		
C. Prédiction du mouvement			
7	Suit des yeux un objet disparaissant derrière un écran. Modifie sa position : tourne la tête, se penche, tend le cou, etc.		
8	Regarde un objet et le suit le long d'une trajectoire qui amène l'objet à passer derrière lui. Il tourne la tête du côté où l'objet va réapparaître.		

2. Poursuite visuelle : échelle d'évaluation (suite)

N° d'ordre	Définition des comportements	Repérage	Observations
9	Tente de suivre des yeux un objet qui se déplace rapidement devant lui. N'y parvient pas, mais peut le retrouver après quelques essais.		
10	Suit des yeux un objet qui est déplacé lentement derrière un écran. Retrouve l'objet après son passage derrière l'écran.		
11	Explore visuellement l'endroit où un objet a disparu (l'objet est resté derrière l'écran).		
12	Un objet est placé derrière un écran. L'enfant porte son regard vers l'endroit où l'objet réapparaîtrait s'il suivait son mouvement selon une trajectoire rectiligne.		
D. Prédiction dans le jeu			
13	Lance une balle et la suit des yeux durant toute sa trajectoire.		

3. Réponses auditives : échelle d'évaluation

N° d'ordre	Définition des comportements	Repérage	Observations
	A. Réponses aux sons		
1	Réagit à un son en bougeant les jambes et les bras : réaction de surprise.		
2	Crie en réponse à un son.		
3	Sourit en réponse à un son.		
	B. Intégration audio-visuelle		
4	Tourne les yeux vers la source sonore.		

3. Réponses auditives : échelle d'évaluation (suite)

N° d'ordre	Définition des comportements	Repérage	Observations
5	Tourne la tête et les yeux vers la source sonore.		
	C. Attention à la voix humaine		
6	Cesse toute activité lorsque l'adulte lui parle.		
7	S'arrête de bouger lorsqu'il entend une mélodie.		
8	Réagit lorsque l'adulte lui parle : bouge le corps, les bras, les jambes, sourit, regarde, etc.		
9	Tourne la tête lorsque l'adulte l'appelle. Répond à son nom.		

INTERVENTION PRELANGAGIERE 97

3. Réponses auditives : échelle d'évaluation (suite)

N° d'ordre	Définition des comportements	Repérage	Observations
D. *Production de bruits*			
10	Actionne un hochet qui fait du bruit.		
11	Actionne un objet (par exemple, un animal) qui fait du bruit.		
12	Frappe sur un jouet bruyant tenu devant lui.		
13	Manifeste de l'intérêt à faire du bruit avec un objet. Fait du bruit longtemps.		
14	Frappe un objet contre un autre objet (que tient l'adulte) et est intéressé par le bruit. Répète cette conduite plusieurs fois.		
15	Prend un objet dans chaque main, les frappe l'un contre l'autre.		

4. *Intégration visuo-manuelle : échelle d'évaluation*

N° d'ordre	Définition des comportements	Repérage	Observations
1	Regarde bouger ses mains.		
2	Regarde bouger ses doigts.		
3	Suit des yeux sa main qui bouge.		
4	Regarde l'adulte qui lui prend les mains.		

4. Intégration visuo-manuelle : échelle d'évaluation (suite)

N° d'ordre	Définition des comportements	Repérage	Observations
5	Tient un objet en main. L'objet est placé dans la paume.		
6	Quand on lui tend un objet, cherche à l'approcher en tendant les bras, essaie de toucher l'objet, mais ne le prend pas en main.		
7	Quand on lui tend un objet, mouvement pour saisir l'objet : les mains s'ouvrent et sont au contact de l'objet mais il ne le prend pas.		
8	Prend un objet en main et le garde.		

5. Exploration de l'environnement : échelle d'évaluation

N° d'ordre	Définition des comportements	Repérage	Observations
	A. *Exploration visuelle et auditive des objets*		
1	Prendre un objet en main.		
2	Regarde un objet qu'il tient en main.		
3	Joue avec tous les objets qui font du bruit.		
4	Prend l'objet en mains et s'intéresse aux parties qui le constituent.		

5. *Exploration de l'environnement : échelle d'évaluation (suite)*

N° d'ordre	Définition des comportements	Repérage	Observations
	B. Suite de l'intégration visuo-motrice		
1	Touche les parois du berceau.		
2	Tenu assis à table, palpe les bords de la table.		
3	Manipule un objet avec les deux mains.		
4	Transfère un objet d'une main à l'autre.		

5. Exploration de l'environnement : échelle d'évaluation (suite)

N° d'ordre	Définition des comportements	Repérage	Observations
5	Retire les anneaux enfilés sur un manche (gros anneaux).		
6	Sépare deux objets emboîtés (aisément séparables).		
C. Rouler - Pousser un objet			
1	Déplace un objet sur une surface et suit le mouvements de l'objet et de sa main.		
2	Pousse une petite auto sur le sol ou sur la table.		

5. Exploration de l'environnement : échelle d'évaluation (suite)

N° d'ordre	Définition des comportements	Repérage	Observations
3	Fait rouler un objet sur le sol et lance l'objet pour qu'il se déplace.		
4	Joue avec une balle : la fait rouler, la reprend ou la lance pour la faire rouler.		
D. *Coordination auditivo-visuo-motrice*			
1	Actionne un objet qui fait du bruit.		
2	Frappe un objet contre une surface.		

5. *Exploration de l'environnement: échelle d'évaluation (suite)*

N° d'ordre	Définition des comportements	Repérage	Observations
3	Frappe deux objets l'un contre l'autre.		
4	Secoue deux objets l'un contre l'autre.		
5	Fait tomber une tour de cubes construite par l'adulte.		
6	Frappe sur des instruments de musique.		
7	Frotte un objet sur une surface irrégulière (ex. : papier de verre).		

5. Exploration de l'environnement : échelle d'évaluation (suite)

N° d'ordre	Définition des comportements	Repérage	Observations
	E. Lancer - Jeter		
1	Joue à jeter ses objets sur le sol : la trajectoire de l'objet ne semble pas l'intéresser, mais uniquement l'acte de parler.		
2	Jette un objet et le regarde tomber.		
3	Joue avec un objet attaché à une ficelle. Tire sur la ficelle et imprime différente trajectoires à l'objet.		
4	Jette un objet, le retrouve et le jette à nouveau. Il s'agit d'un jeu où l'enfant s'intéresse à la trajectoire de l'objet et à la manière dont il tombe.		

5. *Exploration de l'environnement : échelle d'évaluation (suite)*

N° d'ordre	Définition des comportements	Repérage	Observations
	F. *Jeux avec balle*		
1	Lance la balle sans objectif particulier.		
2	Lance la balle vers une cible.		
3	Joue avec l'adulte.		
4	Fait rouler la balle. Joue seul.		
	G. *Constructions avec cubes*		
1	Prend un cube.		
2	Empile deux cubes.		
3	Fait un train, ou une séquence, ou une tour avec les cubes.		

INTERVENTION PRELANGAGIERE 107

6. Solution de problèmes : échelle d'évaluation

N° d'ordre	Définition des comportements	Repérage	Observations
A. *Négocie de petits obstacles*			
1	Elimine un obstacle se trouvant entre lui et un objet dont il voit une partie.		
2	Contourne un obstacle dressé entre lui et un objet dont il voit une partie.		
3	Contourne un obstacle dressé entre lui et un objet qui n'est plus visible, mais qu'il a vu cacher par l'adulte.		
4	Elimine un écran transparent le séparant d'un objet qu'il a vu cacher.		

6. Solution de problèmes : échelle d'évaluation (suite)

N° d'ordre	Définition des comportements	Repérage	Observations
	B. *Comprend de simples relations de cause-effet*		
1	Se sert de la ficelle attachée à un objet pour amener cet objet vers lui.		
2	Prend un objet posé sur un support en se servant d'un des coins du support (l'objet est hors de portée mais non le support).		
	C. *Se préoccupe des limitations imposées*		
1	Retire la main de l'adulte posée sur un jouet désiré.		
2	Pousse la main de l'adulte qui retient un objet désiré.		

6. *Solution de problèmes : échelle d'évaluation (suite)*

N° d'ordre	Définition des comportements	Repérage	Observations
	D. *Résolution de problèmes plus complexes*		
1	Retire le contenu d'un contenant : par exemple, les cubes contenus dans une boîte.		
2	Se sert d'un bâton pour atteindre un objet hors de portée.		
3	Utilise un petit râteau pour amener à lui un objet hors de portée.		
4	Monte sur une pièce de mobilier (par exemple, une chaise) pour atteindre un objet hors de portée.		

6. Solution de problèmes : échelle d'évaluation (suite)

N° d'ordre	Définition des comportements	Repérage	Observations
E.	*Manipulation plus complexe des objets*		
1	Tenant un objet dans chaque main, laisse tomber un des objets pour saisir un troisième objet intéressant.		
2	Tenant un objet dans chaque main, rapproche les deux mains pour saisir un troisième objet, sans lâcher les deux premiers.		
3	Remplit une tasse de perles (ou de grains quelconques) en prenant plusieurs perles (ou grains) en même temps.		

7. Stratégies de recherche d'objets : échelle d'évaluation[1]

N° d'ordre	Définition des comportements	Repérage	Observations
	A. Poursuite visuelle d'un objet qui passe devant l'enfant, derrière un écran, puis réapparaît		
1	Ajuste la position de son corps de telle sorte qu'il peut suivre un objet se déplaçant derrière un écran.		
2	Ajuste sa position de telle sorte qu'il peut voir réapparaître un objet qui se déplace derrière un écran.		
	B. Relocalise un objet mobile qui se déplace rapidement		
1	L'objet se déplace ↑ et →. L'enfant le suit des yeux, le perd puis le retrouve avec les yeux.		
2	L'objet se déplace ⋁⋁. L'enfant le suit des yeux, le perd, puis le retrouve avec les yeux.		

[1] D'après Rondal J.A., *Langage et communication chez les handicapés mentaux : Théorie, évaluation et intervention*, Liège, Mardaga, 1985.

7. Stratégies de recherche d'objets : échelle d'évaluation (suite)

N° d'ordre	Définition des comportements	Repérage	Observations
	C. *Un objet disparaît derrière un écran : recherche simple*		
1	L'enfant explore l'endroit où l'objet a disparu.		
2	L'enfant explore l'endroit où l'objet devrait réapparaître. Il en prédit (comportementalement) la réapparition.		
	D. *Un objet est caché : recherche à l'aide de stratégies plus complexes : l'enfant voit qu'on cache l'objet et où on le cache*		
1	L'enfant se tourne pour localiser une personne passant derrière lui.		
2	L'enfant se tourne pour localiser un objet déplacé derrière lui.		

7. Stratégies de recherche d'objets : échelle d'évaluation (suite)

N° d'ordre	Définition des comportements	Repérage	Observations
3	L'objet est partiellement caché derrière un écran.		
4	L'objet est complètement caché derrière un écran. L'enfant le retrouve.		
E. *Retrouve un objet après des déplacements visibles*			
1	Deux écrans devant l'enfant. L'enfant voit l'adulte cacher l'objet derrière un des deux écrans. L'enfant retrouve l'objet.		
2	Trois écrans devant l'enfant. L'enfant voit l'adulte cacher l'objet derrière un des trois écrans. L'enfant retrouve l'objet.		

7. Stratégies de recherche d'objets : échelle d'évaluation (suite)

N° d'ordre	Définition des comportements	Repérage	Observations
F.	*Retrouve un objet après des déplacements invisibles successifs*		
1	Deux écrans devant l'enfant. On montre l'objet à l'enfant puis on le cache derrière un des deux écrans. L'adulte montre ses mains vides. L'enfant ne doit pas voir derrière lequel des deux écrans l'objet a été caché. L'enfant cherche et retrouve l'objet.		
2	Même situation que 1, mais avec trois écrans.		

7. Stratégies de recherche d'objets : échelle d'évaluation (suite)

N° d'ordre	Définition des comportements	Repérage	Observations
G. Retrouve un objet après des déplacements invisibles successifs			
1	Deux écrans devant l'enfant. L'adulte montre l'objet à l'enfant puis le cache dans sa main. L'adulte passe sa main derrière un écran sans déposer l'objet. L'adulte montre à nouveau l'objet à l'enfant (il ouvre la main). L'adulte passe l'objet derrière un autre écran et l'y dépose. L'adulte signale que l'objet a disparu en montrant ses mains vides. L'enfant cherche et retrouve l'objet.		
2	Trois écrans devant l'enfant. On montre l'objet à l'enfant. L'adulte cache l'objet dans sa main, le passe derrière un écran, puis derrière l'autre écran, sans déposer l'objet. Tout au long du parcours, l'adulte garde l'objet en mains mais ne montre pas ce qu'elles contiennent à l'enfant. L'enfant retrouve l'objet de l'adulte dans les mains.		

7. Stratégies de recherche d'objets : échelle d'évaluation (suite)

N° d'ordre	Définition des comportements	Repérage	Observations
	H. Recherche d'objets cachés (jeu spontané)		
1	L'enfant ouvre une boîte pour y trouver un objet familier qu'il y a vu cacher.		
2	L'enfant cherche ou demande à sa manière un objet familier qui est absent. Ce n'est pas la disparition de l'objet qui le stimule, mais le fait que l'objet n'est pas présent.		
3	L'enfant joue à cacher et à retrouver des objets familiers.		

Apprentissage

1. Favoriser la fixation visuelle chez le jeune enfant

- Objectif:

Fixer des yeux un objet situé dans le champ de vision. Cet apprentissage peut être divisé en trois étapes.

1. *Réactions de défense:* L'enfant cligne des yeux et tourne la tête lorsqu'un objet s'approche de ses yeux.

2. *Fixation visuelle sur un objet immobile:* L'enfant fixe un objet immobile présenté devant lui. Il le fixe d'abord brièvement, puis pendant plusieurs secondes. Il fixe des objets de taille moyenne, puis des objets plus petits. Il peut fixer de petits objets placés sur une table au niveau de ses yeux et contrastant avec la surface de la table.

3. *Fixation visuelle sur un objet mobile:* L'enfant commence à suivre des yeux un objet qui est déplacé dans son champ visuel.

4. *Convergence des yeux:* Alors qu'il fixe un objet, l'enfant peut déplacer son regard vers un autre objet dans son champ visuel. Il regarde un objet puis l'autre.

- Apprentissage:

Pour amener l'enfant à ces différents stades de la fixation visuelle, il n'y a pas de stratégie particulière. Il s'agit de présenter des objets divers et variés dans le champ de vision de l'enfant. Il est préférable de ne présenter d'abord qu'un objet à la fois. Cet objet sera choisi en fonction de son potentiel d'attraction pour l'enfant: couleur vive, luminosité, signification, etc. Si l'enfant ne fixe pas des yeux l'objet présenté, on choisit un objet bruyant pour attirer son attention, puis on revient à des objets silencieux. Avant tout, il faut s'assurer que l'enfant tient bien la tête droite. Il est également recommandé de ne pas présenter les objets ni trop près, ni trop loin des yeux de l'enfant.

2. Favoriser la poursuite visuelle chez le jeune enfant

A. *Poursuite des yeux et de la tête — Objet dans le champ visuel*

- Objectif :

Pouvoir suivre des yeux, puis des yeux et de la tête un objet qui se déplace lentement dans le champ visuel.

- Apprentissage :

L'enfant est assis sur un siège, ou couché sur le dos sur une surface plane. Tenir un objet qui attire son attention (mais qui n'émet pas de bruit en se déplaçant) environ 30 cm devant lui jusqu'à ce qu'il le regarde. Avec un très jeune enfant, il peut être nécessaire d'agiter doucement l'objet afin d'attirer son attention ou de faire varier la distance entre l'objet et les yeux. Si l'enfant vous regarde plutôt qu'il ne regarde l'objet, placez-vous derrière lui. Dès que l'enfant fixe son regard sur l'objet, déplacez l'objet lentement horizontalement devant lui. Un deuxième adulte peut être utile pour guider la tête de l'enfant doucement en direction de l'objet. Réduire ensuite l'aide physique. Répéter la même procédure en déplaçant l'objet verticalement, circulairement, puis selon une trajectoire irrégulière. Enfin, déplacez l'objet rapidement devant l'enfant.

B. *Prédiction du mouvement*

- Objectif :

Etre capable de prédire la réapparition d'un objet déplacé dans le champ de vision, momentanément caché derrière un écran.

- Apprentissage :

L'enfant est en position assise. On lui présente un objet au niveau de ses yeux. Dès que l'enfant regarde, fixe l'objet, on déplace l'objet d'un côté à l'autre. L'enfant suit la trajectoire de l'objet. On cache ensuite l'objet derrière un écran. On fait réapparaître l'objet. On le montre venant de la direction opposée (c'est-à-dire derrière l'enfant). On déplace à nouveau l'objet devant l'enfant, dans la même direction et on le fait réapparaître au même endroit que précédemment. On répète le jeu plusieurs fois en variant les objets et les écrans. On peut également utiliser une petite auto ou un train miniature qu'on fait passer sous un tunnel. On pousse le jouet sous le tunnel en le faisant réapparaître ensuite du même côté. Dès que le jouet est sorti du tunnel, on le donne à l'enfant. On reprend ensuite le jouet et on le fait à nouveau passer sous le tunnel. L'enfant doit tendre la main vers l'endroit où le jouet est sensé réapparaître.

3. Favoriser les réponses auditives chez le jeune enfant

A. *Réactions aux sons*

- Objectif :

   Pouvoir réagir aux sons, localiser un objet émettant un son.

- Apprentissage :

   On utilise un objet sonore, par exemple, un hochet, un animal «crieur», une cloche. Soyez attentif à ne pas utiliser un objet qui pourrait effrayer l'enfant par des sons stridents. On place l'enfant en position assise. On se tient derrière l'enfant. On fait produire le son pendant quelques secondes à droite, puis à gauche, puis au-dessus de la tête de l'enfant. Assurez-vous que l'enfant ne voit pas les mouvements de votre main et ne vous placez pas trop loin de lui afin qu'il entende bien les sons. N'allez pas trop vite lorsque vous déplacez l'objet autour de l'enfant. Arrêtez-vous quelques secondes après chaque présentation du son. Si l'enfant ne suit pas la trajectoire des objets sonores, attardez-vous plus longuement au même endroit jusqu'à ce que l'enfant ait bien localisé le son. Donnez l'objet sonore à l'enfant après chaque présentation afin de lui laisser manipuler l'objet à son aise. Observez bien si l'enfant cherche la source sonore du regard et s'il arrête ses mouvements de tête dès qu'il voit l'objet. On répète la même procédure mais avec des objets et des sons différents. On opère toujours de la même manière. Appelez aussi l'enfant par son prénom à plusieurs reprises et en des endroits différents de la pièce où il se trouve. On peut également frapper dans les mains et observer la réaction de l'enfant.

B. *Production de sons et de bruits dans le jeu*

- Objectif :

   Faire du bruit avec un objet.

- Apprentissage :

  On place l'enfant en position assise. Prendre un objet qui fait du bruit lorsqu'on le cogne contre une table, un objet que l'enfant est capable de saisir. Cogner le jouet contre la table. Tenir ensuite le jouet dans la position de départ. L'enfant doit montrer de l'intérêt pour le jouet en le regardant et tendre les bras pour le saisir. Il doit ensuite le cogner contre la table. Si l'enfant se désintéresse de l'objet, le lui tendre et l'inciter à le cogner contre la table. Si l'enfant n'imite pas, guider sa main et accompagner les bruits de l'objet par des bruits de bouche afin d'attirer son attention sur les bruits que fait l'objet. Eventuellement, lorsque l'enfant frappe l'objet sur la table, faire de même en même temps que lui afin de l'encourager à continuer et à faire (momentanément) le plus de bruit possible.

4. Favoriser les débuts de l'intégration visuo-motrice

- Objectifs :

  Coordonner plusieurs comportements en un seul :
  1. Fixer un objet des yeux ;
  2. Approcher l'objet : tendre les bras, ouvrir les mains ;
  3. Prendre l'objet en mains.

- Apprentissage :

  A. Il peut être nécessaire d'entreprendre au préalable une petite relaxation de l'enfant. L'enfant est assis sur le sol ou sur la table. Prendre la main de l'enfant et la manipuler doucement. Croiser doucement les bras de l'enfant sur sa poitrine. Toucher l'épaule opposée, puis étendre complètement le bras. Après plusieurs exercices de ce type, placer un objet devant le visage de l'enfant de telle sorte qu'il puisse le fixer et que ses mains entrent en contact avec l'objet.

  B. Dans la même position, lever la main de l'enfant afin qu'il puisse toucher l'objet et le saisir. L'enfant doit bien voir l'objet.

  C. L'enfant est assis. Prendre ses mains et les amener devant lui de façon qu'il les voit. Jouer avec ses mains : frapper dans les mains, faire les marionnettes, etc. Faire de même lorsque l'enfant est couché et amener ses pieds dans son champ visuel.

D. L'enfant est couché sur le dos. Placer un mobile au-dessus de lui et lui montrer comment faire bouger le mobile.
E. Attacher la main de l'enfant à un mobile. La position assise ou semi-assise permet d'élargir le champ visuel.
F. Placer l'enfant en position assise, devant une table de taille appropriée. Mettre une série d'objets sur la table : objets colorés de tailles différentes, mobiles, etc. Encourager l'enfant à se saisir des objets, en ratissant, en déplaçant la main sur la table, etc. Veiller à ce que la main de l'enfant soit toujours dans le champ visuel.

5. *Favoriser l'exploration de l'environnement*

Pour développer chez l'enfant les différents comportements qui sont décrits dans l'échelle d'évaluation, il faut mettre à la disposition de l'enfant nombre de jouets et d'objets.
- Des jouets qui font du bruit lorsqu'on les presse, agite ou les fait rouler.
- Des objets de forme irrégulière, comportant une partie aisément saisissable.
- Des objets à emboîter.
- Divers instruments de musique : tambour, xylophone, etc.
- Du papier, notamment du papier argenté qui fait du bruit lorsqu'on le froisse.
- Des objets suspendus, par exemple, attachés à une ficelle : mobiles, que l'enfant fait tourner, bouger lorsqu'on tire sur la ficelle, etc.

Nous n'envisageons ci-dessous que quelques-uns des comportements repris à l'échelle d'évaluation. Ils sont fournis à titre d'exemple.

A. *Lâcher un objet*
- Objectif :
Apprendre à lâcher un objet sur demande.
- Apprentissage :
On peut commencer l'apprentissage en utilisant une petite sonnette qui peut être aisément saisie par l'enfant. On s'assure que l'enfant regarde la sonnette. On la laisse tomber sur le sol.

Après cette démonstration, on la présente à l'enfant et on l'encourage à la lâcher également. Si en tentant d'imiter, l'enfant ne lâche pas la sonnette, frotter doucement son poignet. Cela entraîne une relaxation et provoque le lâchage de l'objet. Réduire progressivement le massage du poignet. Si cette procédure reste sans effet, étendre progressivement les doigts de l'enfant de manière à ce qu'il relâche sa prise.

B. *Transfert d'un objet d'une main à l'autre*
- Objectif:
    Apprendre à faire passer un objet d'une main à l'autre.
- Apprentissage:
    Choisir des objets qui intéressent l'enfant et qu'il puisse aisément passer d'une main à l'autre. Placer chacun des objets choisis devant l'enfant. Si l'enfant ne prend pas spontanément un objet dans une main, pour le passer dans l'autre main, montrer le geste. S'il n'imite pas, procurer une aide physique. Tenir doucement ses mains et les guider.

C. *Lancer, faire rouler, pousser et recevoir un objet*
- Objectif:
    - lancer un objet a la main;
    - recevoir en mains un objet qui a été lancé.
- Apprentissage:
    On peut encourager l'enfant à lancer un objet qui fait du bruit.

L'enfant cherchera à propulser l'objet pour obtenir le bruit désiré. On peut également lancer un objet vers l'enfant afin de l'encourager à le recevoir et à le tenir en main. Par exemple, lancer un petit coussin ou un animal en peluche sur les genoux de l'enfant afin qu'il puisse le prendre.

D. *Séparer deux objets emboîtés*
    Utiliser des objets aisément séparables. Il existe quantités d'objets à emboîter. L'enfant doit arriver à séparer les objets à l'aide des deux mains.

6. Favoriser la solution de petits problèmes environnementaux

A. Négocier de petits obtacles

- Objectif :

  Négocier un obstacle, par exemple une barrière qui sépare d'un objet désiré.

- Apprentissage :

  Utiliser un des objets préférés de l'enfant et l'inciter verbalement et par gestes à prendre l'objet. Dans un premier temps, montrer la barrière et l'objet pour attirer l'attention de l'enfant. Si l'enfant ne cherche pas spontanément à faire tomber la barrrière ou à la contourner, lui montrer la manœuvre. Si l'enfant n'imite pas, prendre ses mains et guider ses gestes. Varier les obstacles et les objets et laisser l'enfant jouer avec l'objet dès qu'il a correctement négocié l'obstacle.

B. Comprendre de simples relations cause-effet

- Objectif :

  Découvrir des moyens pour atteindre un but. L'enfant découvre que pour obtenir un objet hors de portée, il suffit de tirer sur la ficelle à laquelle l'objet est attaché ou encore de déplacer vers soi le support sur lequel l'objet est placé.

- Apprentissage :

  A. *Utiliser une ficelle (horizontalement).* L'enfant est assis sur une chaise à la table. Choisir un objet qui intéresse l'enfant. Attacher cet objet à une ficelle. Placer l'objet sur la table, hors de portée de l'enfant mais visible pour lui. Etendre l'autre bout de la ficelle vers la main de l'enfant. Encourager l'enfant à prendre l'objet en se servant de la ficelle. Si l'enfant n'utilise pas la ficelle faire la démonstration. Tirer sur la ficelle pour amener l'objet. Ramener l'objet à sa position de départ. L'enfant doit amener l'objet en tirant sur la ficelle.

  B. *Utiliser une ficelle (verticalement).* Même situation, mais il s'agit de faire monter lentement l'objet du sol vers la table. Attirer l'attention de l'enfant sur le déplacement de l'objet. Poser l'objet sur le sol de manière telle qu'il soit bien visible. Donner l'autre bout de la ficelle à l'enfant. Si l'enfant ne tire pas sur la ficelle pour amener l'objet, remonter l'objet au niveau de la table, puis le laisser redescendre. Si l'enfant n'utilise toujours pas la ficelle pour obtenir l'objet, lui montrer ce qu'on attend de lui en élevant l'objet au niveau de la table, puis le faire redescendre plusieurs fois de suite. Si l'enfant n'utilise toujours pas la ficelle, guider sa main.

C. *Utiliser un support pour amener un objet à soi.* L'enfant est assis sur une chaise à la table. Choisir un objet qui intéresse l'enfant et le placer sur un support quelconque. Dès que l'enfant joue avec l'objet, placer le support à sa portée. Encourager l'enfant à amener l'objet vers lui. L'enfant doit attirer le support vers lui et prendre l'objet ainsi mis à sa portée. Si l'enfant ne tente pas de prendre l'objet ou de tirer le support, montrer que l'objet se déplace avec le support en poussant ce dernier vers l'enfant puis en le retirant, etc.

C. *Se préoccupper des limitations imposées*
- Objectifs :
    Répondre à une situation créée par l'adulte.
    1. Enlever la main de l'adulte qui couvre un objet intéressant.
    2. Requérir non verbalement. L'adulte actionne un objet puis l'arrête. L'enfant touche la main de l'adulte quand celui-ci cesse d'actionner l'objet. Il requiert ainsi de l'adulte la poursuite de l'action.

- Apprentissage :
    A. Installer l'enfant et se placer en face de lui. Lui donner un de ses objets préférés. Dès que l'enfant joue avec l'objet, le lui prendre et le garder en main sans l'actionner. Inciter l'enfant à récupérer l'objet en tendant la main devant lui. Faire mine de rendre l'objet à l'enfant, puis le reprendre jusqu'à ce que l'enfant retire votre main. Répéter plusieurs fois et laisser l'objet à l'enfant dès qu'il a présenté le comportement attendu.

    B. Si l'enfant aime que vous le preniez sur vos genoux pour le faire sauter ou le bercer, faites-le puis arrêtez-vous quelques instants. Observez le comportement de l'enfant pendant les pauses. Il va chercher à se faire balancer seul ou à attirer votre attention jusqu'à ce que vous repreniez le balancement.

C. L'enfant est assis sur une chaise haute. L'adulte est assis en face de l'enfant à une table. Utiliser les mains et le visage pour créer une situation intéressante. Par exemple, frapper de la main sur la table, claquer des doigts, faire des grimaces, chanter, etc. Puis, s'arrêter et observer le comportement de l'enfant. Ensuite, recommencer le même manège. Durant chaque pause, laisser les mains et le visage à portée de l'enfant. Ne recommencer les gestes que lorsque l'enfant tente d'imiter ou de vous toucher afin que vous continuiez le jeu. L'enfant doit comprendre que c'est son intervention qui provoque la reprise de l'activité de jeu.

D. *Résolution de problèmes (plus) complexes*
- Objectif:

Utiliser un moyen pour atteindre un but. Les moyens à disposition peuvent être un bâton ou un râteau. A ce stade également, l'enfant peut utiliser la relation contenant-contenu. Il doit être capable, par exemple, de retirer des cubes contenus dans une boîte et de les y remettre.

- Apprentissage:

Se servir d'un bâton ou d'un rateau pour atteindre un objet: L'enfant est assis dans une chaise haute à une table. Choisir un objet qui intéresse l'enfant et un bâton. Placer l'objet sur la table, l'amener près de l'enfant, l'éloigner de façon à ce que l'enfant ne puisse l'atteindre. Encourager l'enfant à amener l'objet en attirant son attention sur le bâton. Si l'enfant n'utilise pas spontanément le bâton pour amener l'objet vers lui, démontrer l'utilisation du bâton. Replacer ensuite le bâton à côté de la main de l'enfant. Si l'enfant n'imite pas, guider sa main.

E. *Manipulation plus complexe d'objets*
- Objectifs:

A. L'enfant tient un objet dans chaque main. Lorsqu'on lui présente un troisième objet, il doit: 1. lâcher un des objets qu'il tient en mains pour prendre le troisième, 2. se saisir du troisième objet, sans lâcher les deux autres.

B. L'enfant doit pouvoir remplir un récipient au moyen de petits ingrédients. Il doit prendre ces ingrédients plusieurs à la fois et non un à un et les déposer dans le récipient.

- Apprentissage :

    A. *Prendre un troisième objet :* 1. L'enfant est assis, ses bras sont libres. Choisir deux petits objets que l'enfant peut prendre en main, un dans chaque main. Choisir un troisième objet qui intéresse l'enfant. Dès que l'enfant a les deux mains occupées, offrir un troisième objet à portée de sa main. L'enfant doit lâcher un des objets pour prendre le troisième. 2. Répéter la même procédure, mais en incitant l'enfant à garder les deux premiers objets en main, sans les lâcher lorsqu'il se saisit du troisième.

    B. *Remplir un récipient à l'aide de plusieurs objets :* L'enfant est assis. Prendre une tasse et plusieurs petites perles en plastique multicolores et les placer devant l'enfant. Prendre une autre tasse avec d'autres perles devant soi, mais hors de portée de l'enfant. On remplit la tasse devant l'enfant, en mettant plusieurs perles à la fois dans la tasse. L'enfant doit voir les gestes. L'adulte répète cette démonstration en encourageant l'enfant à faire de même. Si l'enfant prend une seule perle à la fois, on lui montre qu'on peut aller beaucoup plus vite en en prenant plusieurs.

7. Favoriser l'émergence des stratégies de recherche d'objets cachés

A. *Un objet disparaît derrière un écran*
- Objectifs :

    1. *Localiser un objet mobile qui se déplace rapidement :* L'enfant suit l'objet des yeux en modifiant la position de son corps, lorsque l'objet passe dans son champ visuel.

    2. *Un objet disparaît derrière un écran (recherche simple) :* Lorsque l'objet reste derrière l'écran, l'enfant explore du regard l'endroit où il a disparu et le retrouve.

    3. *Un objet disparaît derrière un écran (recherche simple - suite) :* L'enfant modifie la position de son corps pour voir réapparaître l'objet après que cet objet soit passé derrière un écran. Il prédit (comportementalement) l'endroit de la réapparition de l'objet.

- Apprentissage :

1. *Localiser un objet mobile qui se déplace rapidement* : L'enfant est assis sur une chaise. On se place en face de lui ou derrière lui. Choisir un objet qui attire l'attention de l'enfant mais qui n'émet pas de bruit en se déplaçant. Placer l'objet au niveau des yeux de l'enfant. Dès que l'enfant regarde l'objet, le déplacer lentement, puis rapidement du haut vers le bas, puis vers soi, puis en zigzag. Déplacer l'objet de telle sorte que l'enfant soit obligé de tourner la tête, les yeux et le tronc pour suivre l'objet. Agiter l'objet devant l'enfant en lui parlant pour stimuler son attention. Un second adulte peut être nécessaire pour guider doucement la tête et/ou le corps de l'enfant vers l'objet s'il ne le fait pas spontanément. Réduire progressivement l'aide physique. Varier les objets. Tendre l'objet à l'enfant et le laisser jouer avec l'objet dès qu'il a présenté le(s) comportement(s) demandé(s).

2. *Un objet disparaît derrière un écran (recherche simple)* : Même situation, mais disposer l'objet derrière un écran et montrer sa main vide à l'enfant. L'enfant doit explorer l'endroit où l'objet a disparu et le retrouver. On peut utiliser un tissu de couleur comme écran. Si l'enfant ne retrouve pas l'objet, le cacher d'abord partiellement sous l'écran, puis le couvrir complètement. Si l'enfant ne retrouve toujours pas l'objet, utiliser un écran transparent. On peut également utiliser divers petits jeux avec le même objectif :

- Cacher son visage derrière un objet, un panneau ou une pièce de tissu puis le retirer lentement en disant «cou-cou».
- Se cacher derrière un rideau puis se montrer à l'enfant.
- Cacher divers objets derrière son dos et les faire retrouver par l'enfant.

3. *Un objet disparaît derrière un écran (recherche simple - suite)* : Même situation, mais placer l'enfant de telle façon que la surface de la table soit à hauteur de sa poitrine et placer un écran sur cette table. Comme écran, utiliser, par exemple, un bout de carton disposé verticalement. Montrer l'objet à l'enfant, puis le déplacer derrière l'écran pour le faire réapparaître immédiatement. Refaire le mouvement plusieurs fois, en étant sûr que l'enfant regarde l'objet et le geste. Accompagner les gestes

de paroles : « Regarde ! », « Coucou ! », etc. L'enfant doit regarder vers l'endroit où l'objet réapparaît.

B. *Trouver un objet après des déplacements visibles et invisibles*
- Objectifs :
  1. Retrouver l'objet derrière le bon écran lorsque l'objet a été caché en pleine vision de l'enfant.
  2. Retrouver l'objet lorsque ce dernier a été caché sans que l'enfant puisse voir sous quel écran.

- Apprentissage :

    1. *Retrouver un objet après des déplacements visibles.* L'enfant est assis à une table. Choisir un objet qui intéresse l'enfant et qui ne fait aucun bruit lorsqu'il est déplacé. L'objet doit être suffisamment petit pour pouvoir être complètement dissimulé derrière un écran. Placer deux écrans sur la table : un tissu ou une serviette et un autre tissu ou serviette de couleur différente. Ces tissus ne doivent pas être transparents. S'assurer que l'enfant désire l'objet en le tenant devant lui et voir s'il cherche à l'atteindre. Si l'enfant cherche à atteindre l'objet, le placer sur la table à sa portée et le recouvrir avant qu'il ait eu le temps de le saisir. Lorsque l'enfant a retrouvé l'objet deux fois de suite, cacher l'objet de la même manière sous le second écran. L'enfant doit le retrouver. Ensuite, cacher de nouveau l'objet sous le premier écran. Ce second écran est également à la portée de l'enfant. Cacher plusieurs fois l'objet sous le second écran. L'enfant doit le retrouver. Ensuite, cacher de nouveau l'objet sous le premier écran. Lorsque l'enfant a découvert l'objet sous un écran, le laisser jouer avec cet objet avant de continuer le jeu.

    2. *Retrouver un objet après des déplacements invisibles :* Même situation. On ne montre pas à l'enfant l'écran sous lequel l'objet est caché. Prendre l'objet en main, le montrer à l'enfant, puis fermer la main pour bien cacher l'objet. Déposer ensuite l'objet sous un des deux écrans, montrer la main vide à l'enfant. L'enfant doit chercher l'objet en dessous des deux écrans. La recherche peut se faire au hasard.

C. *Trouver un objet après des déplacements invisibles successifs*
- Objectif :

  Suivre des yeux les déplacements successifs et visibles d'un objet et chercher cet objet derrière l'écran où il a été déposé.
- Apprentissage :

  L'enfant est assis à une table. Deux écrans sont disposés devant lui. Ces écrans sont des pièces de tissus non transparentes et de couleurs différentes. Prendre un objet qui intéresse l'enfant et qui est suffisamment petit pour tenir dans une main. Cet objet ne doit pas faire de bruit. Les deux écrans doivent être à portée de l'enfant. Montrer l'objet placé dans sa main. Refermer la main, puis faire passer l'objet (tenu en main) sous un écran. Faites réapparaître ensuite la main et la montrer à l'enfant. L'objet est toujours en main. Recommencer les mêmes gestes mais cette fois, passer la main qui tient l'objet sous le second écran. Déposer l'objet sous ce second écran et montrer la main vide à l'enfant. L'enfant doit chercher l'objet sous le second écran. Recommencez plusieurs fois en changeant les écrans et en changeant d'objet.

D. *Retrouver un objet après des déplacements invisibles successifs (suite)*
- Objectif :

  Suivre des yeux les gestes de l'adulte, rechercher un objet sous 2 ou 3 écrans, revenir finalement à l'adulte en lui réclamant l'objet, si celui-ci n'est pas sous l'un des écrans.
- Apprentissage :

  Procéder de la même manière que précédemment mais sans montrer la main à la sortie des écrans. On peut également ne déposer l'objet sous aucun écran et le garder caché dans le creux de la main. L'enfant doit réclamer l'objet après avoir vérifier qu'il ne se trouve sous aucun écran.

E. **Converser avant les mots**

Nous avons signalé au chapitre 3 le retard des enfants trisomiques 21 en ce qui concerne la structuration des échanges vocaux avec la mère. Chez l'enfant normal, un début de structuration de ces échanges sur un mode préconversationnel (c'est-à-dire avec prise de tour et évitement des collisions vocales — les deux partenaires vocalisant en même temps — plus la nécessaire réciprocité des échanges) est observable dans le cours de la seconde partie de la première année. Chez l'enfant trisomique 21, rien de tel n'est observable généralement avant environ 18 mois. On peut favoriser la prise de tour chez les enfants trisomiques 21 par des exercices appropriés (voir ci-dessous), d'abord à un niveau non vocal, ensuite à un niveau vocal (sons, bruits), mais non verbal (c'est-à-dire sans produire des mots, au moins dans le chef de l'enfant) et puis enfin à un niveau verbal.

Favoriser la prise de tour «préconversationnelle»
chez le jeune enfant

Considérez les quelques jeux qui suivent comme de simples exemples. Beaucoup d'autres du même type peuvent être imaginés. L'important est d'amener l'enfant à prendre davantage conscience de la nécessaire succession des comportements dans l'interaction selon la règle du «chacun son tour».

A. *La boîte lumineuse*

La boîte lumineuse représentant la tête d'un clown dont il a été question précédemment peut être utilisée également dans le cadre du présent apprentissage. Lorsque l'enfant vocalise, on illumine la boîte, puis on vocalise à son tour. On illumine de nouveau la boîte lorsque l'enfant recommence à vocaliser. La séquence à suivre est la suivante: l'enfant vocalise — lumière — l'adulte vocalise — rien — l'enfant vocalise — lumière — etc.

B. *Jeu du carton*

Prendre un grand carton. Le perforer au milieu. L'orifice pratiqué doit être suffisamment grand pour y introduire un petit objet. Cet objet doit pouvoir être saisi aisément par l'enfant. L'adulte et l'enfant se placent chacun d'un côté du carton. Un autre adulte aide l'enfant à pousser le petit objet dans l'orifice. Bientôt, l'enfant peut pousser l'objet sans aide et le fait spontanément. On repousse l'objet à travers l'orifice vers l'enfant. Le but de cet apprentissage est d'apprendre à l'enfant à vocaliser à son tour, en laissant des intervalles de temps libres entre ses vocalisations afin de laisser à l'adulte la possibilité d'intervenir.

La séquence est la suivante : pousser l'objet en parlant ou en produisant des sons semblables à ceux que l'enfant produit habituellement. L'enfant repousse l'objet avec aide et puis sans l'aide d'un second adulte. On garde l'objet jusqu'à ce que l'enfant vocalise. On attend que l'enfant se taise. Puis on repousse l'objet vers l'enfant en vocalisant soi-même. Il faut être sûr que l'enfant sache pousser l'objet dans l'orifice du carton et ait compris qu'il ne doit pas garder l'objet en main, mais le rendre à l'adulte. C'est seulement lorsque l'enfant a compris cette partie du jeu qu'on peut exiger de lui qu'il vocalise à certains moments et non pas à d'autres.

C. *Jeu des bruits (auto, train)*

Prendre une petite auto ou un petit objet. Faire avancer le jouet sur la table ou sur le sol, devant l'enfant en imitant le bruit caractéristique de ces objets. Donner ensuite le jouet à l'enfant et l'inciter à faire de même. Guider la main de l'enfant si nécessaire. Reprendre ensuite l'objet et reprendre le jeu, puis remettre le jouet à l'enfant, etc. On amènera ainsi l'enfant à vocaliser et à accomplir un geste particulier après l'adulte. En reprenant ensuite le jouet à son tour, on lui fait comprendre que c'est à l'autre de vocaliser et de mouvoir l'objet.

F. *Imitation des sons*

Le matériau dont les mots sont faits est constitué par les sons (et les bruits à strictement parler) que sont (sans jeu de mot) les voyelles et les consonnes. Il est important que l'enfant puisse reproduire ces éléments du langage, isolés ou combinés en syllabes ou en mots. On peut favoriser cette capacité imitative dans le sillage des activités de babillage chez le jeune enfant trisomique 21 et ainsi le préparer à produire mieux et plus tôt les enveloppes sonores (contenants ou signifiants) des mots de la langue.

Nous fournissons ci-dessous quelques points de repère sur une échelle d'évaluation sommaire qui pourra cependant servir à repérer à peu près le moment développemental où il est indiqué de commencer à entraîner plus systématiquement l'enfant trisomique 21 à reproduire les sons spécifiques de sa langue. Ce moment se situe vers l'apparition des duplications de syllabes dans le babillage («mamama», «tatata», etc.) Cette observation signale en effet la capacité naissante de l'enfant de s'imiter lui-même vocalement (au niveau de la syllabe), une condition nécessaire pour l'imitation vocale d'autrui.

Favoriser l'imitation des sons chez le jeune enfant

Il peut être utile de commencer en deçà de l'imitation vocale pour ainsi dire, en entraînant l'enfant à mieux contrôler les organes périphériques de l'articulation. Nous proposons quelques jeux et exercices à cet effet.

A. *Exercices pour la langue et les lèvres*

Pour parler, il faut pouvoir contrôler les mouvements des lèvres, de la langue et des mâchoires. Beaucoup d'enfants trisomiques 21 ont une langue hypotonique, qu'ils ont parfois du mal à garder en bouche. Bien que les friandises et les sucreries ne soient pas tellement recommandées en général pour l'enfant trisomique 21 (contrôle du poids), elles peuvent être utilisées afin d'entraîner le contrôle de la langue et des lèvres. Les crèmes glacées et les sucettes sur bois incitent l'enfant à donner de grands coups de langue. On peut également les déplacer latéralement devant la bouche de l'enfant de façon à provoquer des mouvements latéraux de la langue. Mâcher des aliments solides est également un excellent exercice musculaire buccal.

B. *Apprendre à inspirer et expirer de l'air correctement*

Pour parler il faut aussi expirer de l'air en provenance des poumons. Cet air est expulsé des poumons grâce aux contractions des muscles abdominaux et intercostaux (muscles respiratoires). On peut aider l'enfant à apprendre à bien contrôler sa respiration afin d'expirer l'air nécessaire à la production des sons grâce aux petits exercices suivants :
1. Souffler bougies, allumettes, etc.
2. Souffler de façon à faire avancer une balle de ping-pong.
3. Faire des bulles de savon.
4. Siffler dans un sifflet selon un rythme indiqué.

Imitation des sons : échelle d'évaluation

N° d'ordre	Définition des comportements	Repérage	Observations
1	Vocalise spontanément.		
2	Emet des sons lorsqu'on lui parle.		
3	Emet des sons. Si l'adulte les imite, l'enfant les émet à nouveau.		
4	Imite ses propres sons (« mamama », « bababa », etc.).		

Imitation des sons : échelle d'évaluation (suite)

N° d'ordre	Définition des comportements	Repérage	Observations
5	Imite la toux ou divers bruits familiers.		
6	Imite certains cris d'animaux.		
7	Imite des sons prononcés par l'adulte.		
8	Imite un mot d'une syllabe.		
9	Imite un mot de deux syllabes.		

5. Souffler sur des bouts d'ouate, des plumes.
6. Boire à la paille (inspiration). Souffler à la paille (expiration). Boire à la paille permet également d'exercer les muscles des lèvres et des joues.
7. Produire des sons en les faisant durer.

C. *Imitation vocale*

Comme nous l'avons déjà indiqué, l'imitation est un moyen d'apprentissage. Pour amener l'enfant à imiter les sons, il faut commencer par imiter soi-même l'enfant. Avant de demander à l'enfant d'imiter de nouveaux sons, il faut lui faire imiter ceux qu'il a déjà produits spontanément. Si l'enfant éprouve de réelles difficultés à imiter des sons, alors qu'il arrive sans trop de problèmes à imiter des gestes et des actions, il faut suspecter une audition défectueuse. Une consultation en oto-rhino-laryngologie avec testing des capacités auditives est indispensable dans ce cas. Pour que l'enfant imite un son, il faut évidemment qu'il puisse d'abord l'entendre. On favorisera l'écoute de l'enfant, en lui parlant distinctement et posément. Il faut aussi lui parler ou imiter ses vocalisations dans une ambiance calme où aucun bruit ne gêne l'échange. Parfois, il est nécessaire d'amplifier les bruits et les sons afin de capter l'attention de l'enfant et de stimuler son système auditif.

D. *Sensibiliser l'enfant aux caractéristiques physiques des sons*

Pour ce, il faut varier l'intensité, la hauteur (grave - aigu), la durée et le rythme des sons. De façon à sensibiliser l'enfant aux variations *d'intensité vocale*, on lui parlera tantôt à voix forte, tantôt à voix contenue ou chuchotée. On procèdera de même avec les récepteurs de radio et de télévision. De même, avec les bruits produits par quantité d'objets. On peut amener ensuite l'enfant à produire des sons forts et moins forts avec divers objets.

Les instruments de musique et les jouets sonores sont particulièrement indiqués pour sensibiliser l'enfant à *la hauteur tonale des sons*.

Le *rythme des sons* est également une caractéristique sonore à laquelle l'enfant doit être sensible. Amener de temps en temps l'enfant à scander vocalement ou à frapper dans les mains (ou sur la table) selon un rythme qu'on lui impose en frappant soi-même dans les mains sur un fond de musique ou en chantant. Commencer par des séquences de rythmes faciles à reproduire pour passer progressivement à des séquences plus complexes. Varier les jouets sonores, les instruments de musique.

E. *L'enfant doit pouvoir localiser l'origine des sons*

Afin d'amener progressivement l'enfant à localiser un bruit ou un son, on placera différents objets à différents endroits et on les agitera à tour de rôle. Une aide peut être nécessaire au début. On pourra guider la tête de l'enfant et pointer du doigt vers la source sonore. Progressivement, l'enfant saisira la règle du jeu et y manifestera un réel plaisir. On modifiera régulièrement la place des objets utilisés dans le jeu de localisation.

Chapitre 7
Intervention langagière

L'intervention prélangagière ayant été menée à bien, on peut procéder à l'entraînement du langage proprement dit. Le langage, comme on sait, est affaire de *mots* composés de sons organisés en séquences, et de *règles de combinaison* de façon à traduire en phrases des intentions signifiantes. Celles-ci peuvent être simplement descriptives (dire comment les choses sont ou apparaissent). Elles peuvent être *conatives* (amener l'interlocuteur à se comporter d'une façon définie, par exemple agir d'une certaine façon, fournir de l'information en réponse à une question). Nous envisagerons dans ce qui suit le développement du vocabulaire, l'articulation des sons qui composent les mots et la construction (et la compréhension) des énoncés comportant plusieurs mots de même que leur organisation grammaticale. La perspective adoptée est fonctionnelle. Ce sont les fonctions et l'utilité pratique des énoncés dans la communication qui nous intéressent et qu'il importe de préparer avec l'enfant trisomique 21.

A. Le développement du vocabulaire et l'articulation

Il reste un pas à franchir entre le babillage, l'imitation des sons et les premiers mots. Déjà on a pu observer certaines ressemblances sonores entre les productions vocales de l'enfant et les sons qui composent les mots de la langue. *Les premiers mots que prononce l'enfant sont souvent: papa, mama, dodo, non, prénom de l'enfant, auto, (a)voir (au revoir), tôt (tantôt), wouwou (chien), ta ou ya (ça ou là), tita (tic tac),* et diverses onomatopées qui renvoient à des bruits ou des objets familiers.

Les sons qui entrent dans la composition des mots apparaissent dans un ordre qui varie légèrement d'un enfant à l'autre, mais dont les grandes lignes sont constantes.

Cet ordre est le même chez l'enfant normal et chez l'enfant trisomique: il va des sons relativement faciles aux sons plus complexes à différencier acoustiquement et à articuler (des occlusives, *p, t, k, b, l, g,* aux constrictives *s, z, ch, j,* pour les consonnes).

L'enfant qui s'essaye à reproduire les mots de l'adulte, les simplifie considérablement, car il ne dispose que d'un répertoire de sons limité. Il supprime («tôt» pour «tantôt»), il remplace un son difficile par un son plus simple (substitution: «tou» pour «soupe»), il redouble les syllabes («tètère» pour «pomme de terre»).

Mais un mot n'est pas seulement une séquence de sons. *Un mot se rapporte et renvoie à un «morceau de réalité».* Un mot a un sens, un contenu.

Si l'enfant doit apprendre à prononcer les sons qui composent un mot, il doit aussi en apprendre le sens et comprendre à quel morceau de réalité le mot renvoie.

Pendant longtemps, l'enfant n'attache pas exactement la même signification aux mots que l'adulte. Par exemple, le mot «papa» signifie pour lui: adulte, mâle familier. C'est ainsi qu'il appellera par ce nom les amis et les parents de la famille qui se conforment à cette définition. Plus tard, il restreindra l'appellation «papa» à l'adulte qui vit en contact étroit avec lui et avec la mère.

Pour que l'enfant associe la séquence des sons et l'idée d'un mot, il faut qu'il soit *mis en présence* de la personne, de l'objet ou de l'événement désigné par ce mot et il faut qu'il entende simultanément la séquence de sons qui y renvoie.

Les premiers mots conventionnels sont lents à apparaître chez l'enfant trisomique 21 et la suite du développement du vocabulaire est lente également.

L'enfant trisomique 21 éprouve des difficultés à saisir et à retenir la relation entre les mots et leur référent (les morceaux de réalité auxquels ils renvoient). L'enfant trisomique 21 éprouve également des difficultés à produire et à enchaîner les sons qui composent les mots.

Reprenons ces différents aspects. On peut dire que le développement du vocabulaire repose sur une double fondation, une double capacité que l'enfant doit posséder. Il s'agit, premièrement, de pouvoir produire le *signifiant* (ou le contenant; si on compare le mot à un bocal de confiture, avec un contenant — le verre — et un contenu — la confiture et les éléments qui la compose —), c'est-à-dire d'articuler correctement *la séquence de sons* qui constitue le mot. Il s'agit, deuxièmement, d'établir une association stable entre le signifiant et *le signifié* (c'est-à-dire le contenu ou la confiture dans l'analogie utilisée ci-dessus). Le signifié est l'idée qui, dans notre tête, renvoie à un «morceau de la réalité», comme l'idée de «tabularité» qui correspond à la classe des objets que nous regroupons sous l'étiquette verbale «table». Il s'agit bien d'une classe d'objets et non d'objets isolés. Nous regroupons en effet une infinité d'objets sous l'appellation table, ces objets ayant entre eux un certain nombre (définissable) de propriétés communes qui permettent d'établir la classe. Une exception à cet état de fait concerne les noms dits propres. Ces noms ne renvoient dans la réalité qu'à un seul individu. On devrait les appeler «noms particuliers» et appeler les autres «noms de classe» (au lieu de «noms communs», ce qui ne veut rien dire; l'uranium, par exemple, n'est nullement une matière commune). Le schéma repris au Tableau 3 nous fera mieux comprendre.

De façon à *favoriser le développement du vocabulaire* chez l'enfant trisomique 21, il faut travailler sur deux fronts: la maîtrise co-articulatoire des sons qui composent le mot (co-articulation signifie qu'il s'agit d'articuler des sons en séquence organisée, ce qui complique la tâche articulatoire), d'une part, le plan référentiel et sémantique, d'autre part; ou si l'on veut, le plan

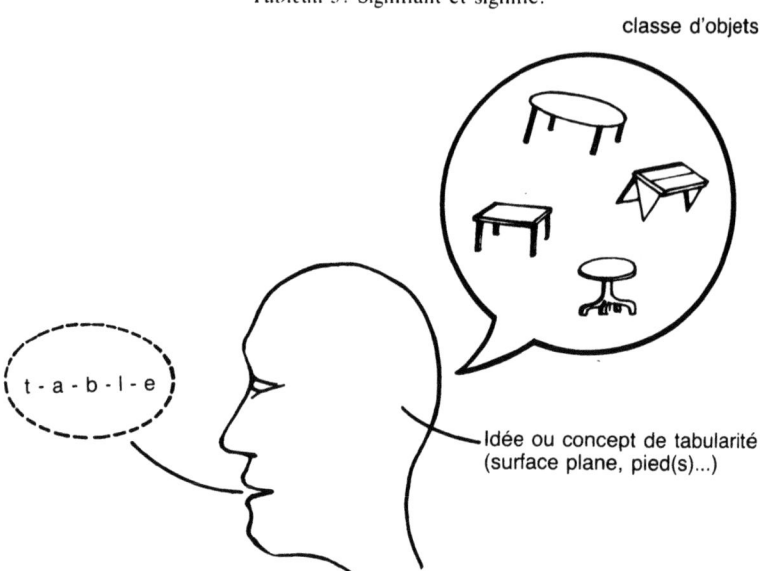

Tableau 3: Signifiant et signifié.

du contenant et le plan du contenu. Il ne sert à rien de travailler les deux plans séparément. Ils forment une entité qu'il faut respecter. Qu'on nous entende bien à ce propos : nous ne suggérons nullement que l'enfant doive travailler au niveau de chaque entité lexicale jusqu'à maîtrise parfaite de l'articulation et de la référence avant de passer à une autre entité lexicale. On peut se satisfaire au départ d'une articulation minimalement compréhensible et d'une référence partielle du moment qu'elle soit correcte et qu'elle ait valeur fonctionnelle, c'est-à-dire qu'elle puisse servir. D'une façon générale, il est très souhaitable que les parents des enfants trisomiques 21 se tiennent à certaines exigences fermes en matière d'articulation avec leurs enfants mais sans cependant exagérer et aboutir en se montrant trop exigeant trop tôt à bloquer le développement communicatif de l'enfant. Il vaut mieux que l'enfant exprime 100 mots avec une articulation approximative que 10 mots avec une articulation parfaite qui résulterait d'un (trop) long entraînement. S'il fallait vraiment choisir entre le contenant et le contenu en matière de communication (mais nous ne pensons pas qu'on doive en arriver là en conditions naturelles), c'est évidemment le contenu qui devrait prévaloir puisque la forme après tout est arbitraire (bien que conventionnelle).

1. L'articulation des sons et la co-articulation

Comment aider l'enfant à prononcer et à combiner les sons de sa langue afin de former des mots?

Pour aider l'enfant trisomique 21 dans cette tâche difficile, il est bon de lui parler posément et distinctement, de façon à ce qu'il ait le temps d'enregistrer les mots prononcés et pour qu'il puisse les reconnaître, les opposer et saisir et mémoriser l'ordre dans lequel les sons doivent être placés pour former les mots.

On profitera des moments de calme pour parler de cette manière à l'enfant. On se placera en face de lui. Il doit voir les mouvements des lèvres et de la bouche, en même temps qu'il entend les sons et les mots. Pour le sensibiliser davantage aux mouvements des muscles articulatoires, placez ses mains sur le bas de vos joues afin qu'il sente bien tout le travail de la bouche et des mâchoires.

Nous avons dit plus haut que les sons qui entrent dans la composition des mots apparaissent dans un ordre régulier (avec quelques petites variations d'un enfant à l'autre). L'enfant prononce d'abord des sons simples, puis, progressivement, maîtrise et produit des sons plus complexes. Il est utile de se rendre compte de cette complexité croissante dans la production des sons afin de ne pas exiger du jeune enfant qu'il prononce des sons trop difficiles pour lui. On veillera également à concentrer ses efforts sur un seul son à la fois (prononcer chaque son très lentement et distinctement afin de sensibiliser l'enfant à l'audition du son).

Il n'est généralement pas nécessaire d'entraîner spécialement la production des voyelles simples: *a, o, i, e, ou, u,* etc. Pour les *voyelles ou les consonnes nasales: «an, in, on, un, m, n, gn»,* on peut placer les doigts de l'enfant sur les ailes de son nez en articulant fortement et longuement. On amène ensuite l'enfant à faire de même sur lui afin de prendre conscience de la vibration nasale.

Pour les consonnes «*t*» et «*d*», placez l'enfant bien en face de vous et faites-lui observer votre avant-bouche et le mouvement de votre langue vers l'avant des dents et ensuite rapidement vers l'arrière. Montrez-lui la différence entre l'articulation de ces deux sons et celle de «*p*», «*g*», «*b*», et «*k*».

Pour les *consonnes sonores*: «*v, z, j*», on place la main de l'enfant sur son larynx afin qu'il éprouve les vibrations qui accompagnent la production de sons.

Pour les *consonnes sourdes*: «*f, s, ch*», faire de même afin de faire sentir à l'enfant l'absence de vibrations lors de la production de ces consonnes et lui faire remarquer le caractère acoustiquement plus assourdi de ces sons.

Pour l'articulation des consonnes «*f*» et «*v*», montrer à l'enfant comment faire vaciller la flamme d'une bougie en plaçant les incisives supérieures en position rapprochée ou en léger contact avec la lèvre inférieure.

Pour le «*r*», placez la main de votre enfant sur votre gorge et prononcez des séries de «r» bien roulés et de syllabes comportant un «r» afin que l'enfant prenne conscience du grattement de l'arrière-bouche qui permet d'articuler le «r» roulé. Pour la même raison, faites-lui ensuite placer la main sur sa propre gorge. Lorsque le son roulé est acquis, le laisser se stabiliser pendant quelque temps puis procéder à son adoucissement graduel vers le *r* «normal» (dit «parisien» — qui est en fait une constrictive).

Il convient également de faire prendre conscience à l'enfant de plusieurs autres caractéristiques articulatoires intéressantes (doublées de propriétés acoustiques particulières) des sons. Ainsi le *caractère continu* des voyelles orales et nasales (*a, e, i, o, u, ou, an, on, in un*), des consonnes nasales (*m, n, gn*) et des consonnes constrictives (*f, t, s, z, ch, j*). On peut les prolonger autant que le permet le souffle expiratoire. C'est un exercice et un jeu auquel on peut procéder avec l'enfant. Le *caractère discontinu* des consonnes occlusives orales (*p, t, k, b, l, f*) fait qu'on ne peut les prolonger parce qu'elles résultent d'un blocage du passage de l'air en un point de son trajet expiratoire (des poumons à la sortie de la bouche). Le blocage se fait à un des trois endroits suivants: arrière-bouche (contact dos de la langue avec le palais dur) pour *k* et *f*; avant-bouche (contact pointe de la langue avec les alvéoles dentaires) pour *t* et *d*; lèvres pour *p* et *b*. En ce qui concerne le *lieu d'articulation* des consonnes, il est conseillé de le faire varier de l'avant de la bouche vers l'arrière. Par exemple, pour les occlusives, apprendre à prononcer les labiales *p* et puis les alvéolaires *t* et *d* et enfin les palatales *k* et *g*, celles-ci étant les consonnes dont le lieu d'articulation est le plus postérieur dans la série. Pour les constrictives, le même déplacement va des antérieurs *f* et *v*, aux médianes *s* et *z*, *ch* et *j*. Le Tableau 4 reprend le classement articulatoire des principales consonnes françaises avec indication de l'ordre approximatif de développement chez l'enfant.

L'articulation ou la co-articulation des consonnes *s*, *z*, *ch* et *j* peut poser problème chez l'enfant normal jusqu'à 4 ou 5 ans sans qu'on puisse parler de trouble ou de retard articulatoire (voir Rondal et Seron, 1982)[1]. Ces consonnes sont délicates à articuler. Les mouvements articulatoires qui les produisent doivent être effectués avec une marge de manœuvre davantage restreinte par rapport aux autres consonnes. Si le développement de la motricité fine de l'enfant est un peu moins rapide, il mettra davantage de temps pour développer sa maîtrise de la production de ces consonnes. On sait que le développement moteur des enfants trisomiques 21 est lent et souvent rendu plus difficile en raison de leur hypotonie musculaire. On ne s'attendra donc pas à ce que la prononciation des sons en question se fasse correctement très tôt chez l'enfant trisomique 21. Elle peut se faire attendre, voire même faire problème longtemps.

De façon à favoriser la *co-articulation* des sons pour composer des mots, on proposera à *l'imitation* de l'enfant trisomique 21 des combinaisons de quelques sons, combinaisons pourvues de sens comme dans *ma, ton, son, gant, vent, dent, bal(le), dé, cou*, etc. — un grand nombre de mots simples sont évidemment possibles; on les choisira en fonction de leur signification et de leur pertinence dans le contexte de vie de l'enfant. Ce qui

---

[1] J.A. Rondal et X. Seron (eds), *Troubles du langage. Diagnostic et rééducation*. Liège: Mardaga, 1982.

Tableau 4: Principales consonnes françaises

Mode d'articulation[1]	Lieu d'articulation			Ordre d'acquisition[2]
	lèvres	dents	palais	
1. Orales				
Occlusives				
sourdes	p	t	k	2
sonores	b	d	g	
Constrictives				
sourdes	f	s	ch	3: *f, v*
sonores	v	z	j	4: *s, z, ch, j*
2. Oro-nasales				
sonores	m	n	gn	1

[1] Le *r* qui de toute évidence est une des principales consonnes française est soit une occlusive à battement (*r* roulé) — c'est la luette, c'est-à-dire l'appendice situé au niveau inférieur du voile du palais, qui vibre contre le dos de la langue, — soit une constrictive (rétrécissement du passage de l'air entre le dos de la langue — et le palais dur) dans le cas du *r* non roulé, dit «parisien». Le *l* qui est également une importante consonne en français est une *latérale*. Elle est formée par le bruit de l'air qui passe latéralement de chaque côté de la langue. Ce n'est donc ni une occlusive, ni une constrictive.
[2] Indiqué par les références numériques 1, 2, 3, 4.

importe à ce stade, plus que l'articulation correcte des sons présentés en combinaison, c'est le respect de l'ordre séquentiel des sons articulés. On passera ensuite progressivement à des séquences signifiantes plus complexes de ce point de vue coarticulatoire avec le développement et les progrès graduels de l'enfant.

L'enfant cherche normalement à simplifier articulatoirement les mots du langage adulte qu'il s'efforce de reproduire. Il faut tenir compte de cette tendance «naturelle» («*co* pour «*encore*», «*comotive*» pour «*locomotive*», «*toup*» pour «*soupe*», «*paler*», pour «*parler*», «*pèdu*» pour «*perdre*», etc.) que l'on retrouve à l'œuvre sous une forme atténuée dans la prononciation adulte («*un' port*», pour «*une porte*», du «*suc en pout*» pour «*du sucre en poudre*», «*pyschologie*» pour «*psychologie*», «*infractus*» pour «*infarctus*», etc.) De telles simplifications s'éliminent graduellement avec l'accroissement des possibilités de la mémoire auditive du jeune enfant et ses progrès sur le plan articulatoire.

Il faut cependant éviter, en règle générale, de répéter au jeune enfant les mots tels qu'il les prononce, sauf une fois de temps à autre pour lui montrer que vous entendez la faute et la lui faire clairement remarquer. Habituellement, on évitera cette pratique car l'articulation incorrecte de l'enfant (par exemple, «tamion» pour «camion») n'implique en aucune façon qu'il n'entende pas la différence entre la bonne et la mauvaise prononciation. On prendra l'habitude de renvoyer gentiment à l'enfant une prononciation correcte après ses principales erreurs articulatoires de façon à lui fournir les modèles auditifs adéquats qu'il est capable d'intégrer.

2. La signification et la référence

Comment aider l'enfant à comprendre la relation entre les mots et les concepts, les objets, les personnes ou les événements auxquels ils renvoient?

Il faut situer cette section dans le prolongement de celle sur l'exploration de l'environnement et la notion d'objet au chapitre précédent.

Lorsque l'enfant est capable de combiner une consonne avec une voyelle, on peut commencer à lui apprendre des *mots en les associant aux objets que ces mots désignent*. Par exemple, si l'enfant prononce «ba», on lui montre la balle et prononce le mot «balle» tout en le félicitant pour sa production. Ce qui est important, c'est que l'enfant associe le son «ba» en tant qu'approximation du mot «balle», avec l'objet balle. Le plus facile pour l'enfant est de commencer par désigner les objets, les animaux ou les personnes qui se meuvent près de lui (par exemple: une automobile, un chat, un chien), et ceux sur lesquels il peut agir (les aliments, les jouets). Ce n'est que plus tard que l'enfant comprendra la relation entre un mot et une entité statique désignée par le mot. Afin d'aider l'enfant à comprendre la relation entre un mot et ce que le mot désigne, il est souhaitable d'*utiliser toujours le même mot pour désigner le même objet, la même personne ou le même événement*. En procédant de cette façon, on rendra la tâche de l'enfant plus aisée. On profitera de toutes les occasions pour présenter concrètement la personne ou l'objet dont on parle à l'enfant. Lors des jeux, des repas, par exemple, nommez-lui les objets en les désignant. Veillez cependant à ne pas nommer trop de choses à la fois. L'objectif est donc de favoriser l'établissement et la consolidation de lien entité référée - idée - étiquette verbale.

Mais nommer les objets et les personnes à l'enfant tout en les désignant ne peut suffire. Il faut aussi sensibiliser l'enfant aux actions que l'on peut imprimer à ces objets, à leurs propriétés, à leur utilisation. Offrez à votre enfant la possibilité de manipuler et de voir manipuler les objets dont vous lui parlez. De cette façon, on approvisionnera le répertoire verbal de l'enfant non seulement en substantifs, mais aussi en verbes d'action, en modificateurs (adjectifs et adverbes) et en prépositions. Cela lui facilitera ultérieurement la tâche lorsqu'il s'agira de construire des énoncés à plusieurs mots.

Lorsque l'enfant a produit plusieurs fois un mot en désignant un objet ou une personne, on peut lui présenter une *image* ou une *photographie* de l'objet ou de la personne. Placez, par exemple, quelques images de personnes ou d'objets connus de l'enfant sur le mur près de son lit en prenant l'habitude de les lui désigner régulièrement et en l'incitant ensuite à faire de même.

Lorsque l'enfant désire quelque chose, par exemple, veut boire ou jouer avec un jeu particulier, incitez-le à prononcer le mot qui désigne ce qu'il désire en lui posant des questions : «Qu'est-ce que c'est?», «Que veux-tu?», «Dis-moi ce que tu désires», «Quel est le nom de cet objet?», etc. Il s'agit d'organiser l'environnement, et notamment l'environnement verbal de l'enfant, de façon à le stimuler à utiliser aussi souvent que possible les termes qui renvoient à des entités dans cet environnement.

Il peut être très indiqué de « joindre le geste à la parole » pour favoriser les acquisitions lexicales, au moins au début. La conjonction d'un geste représentant la signification du terme et du mot (par exemple : « marteau », avec l'action d'enfoncer un clou avec un marteau imaginaire ; « sapin », avec mouvement « en triangle » des deux mains pour représenter la forme du sapin, etc.) est de nature à favoriser notablement l'apprentissage lexical. Lorsque les termes sont bien appris et retenus en mémoire, on peut éliminer graduellement l'accompagnement gestuel. Cette procédure a été vérifiée expérimentalement. Elle donne généralement d'excellents résultats.

B. L'organisation sémantico-syntaxique de l'expression orale

Lorsque l'enfant possède un répertoire productif d'environ 50 mots de vocabulaire, des substantifs, des verbes d'action, des modificateurs (adjectifs) et des prépositions (surtout spatiales, comme « dans », « sur », « sous »), on peut envisager de l'amener progressivement à produire des énoncés qui comportent plusieurs mots et qui sont organisés selon les règles syntaxiques de la langue. *Un énoncé est une organisation sémantico-syntaxique.* En d'autres termes, c'est l'expression d'une ou plusieurs relations sémantiques selon des règles combinatoires précises. Par exemple, si je veux exprimer (c'est mon intention signifiante, elle motive ma prise de parole) la relation (amour, $X \rightarrow Y$) « X aime Y », je dois respecter une règle de succession en français. Le premier nom (qui doit être un animé dotable de sentiments dans ce cas) renvoie à l'agent de l'action ou à la personne qui ressent le sentiment en question. Le second nom renvoie à l'objet de l'action de l'agent ou du sentiment de la personne. Je peux changer l'ordre des noms mais je change alors la relation entre l'agent et l'objet. « *X aime Y* » n'a pas le même sens que « *Y aime X* ». De façon à faire des progrès et à maîtriser la construction d'énoncés élémentaires qui soient grammaticaux (c'est-à-dire qui correspondent aux exigences grammaticales de la langue), il faut donc 1. avoir des relations sémantiques à exprimer et donc avant toute expression en disposer mentalement, et 2. connaître et appliquer les règles séquentielles en usage dans la langue.

1. Les relations sémantiques

La notion à saisir ici est que ces relations sont différentes des significations lexicales (les mots de vocabulaire tels qu'on les trouve dans un dictionnaire) en ce qu'elles impliquent pour être exprimées (adéquatement) la présence d'au moins deux mots et parfois davantage.

Les énoncés et les phrases que nous produisons sont l'expression d'une série de relations sémantiques. Considérons les exemples suivants.

- *Phrase 1*: Le vieux monsieur ramasse du bois mort pour faire du feu.
- *Phrase 2*: Il m'a conseillé de verser ma cotisation au parti sans plus tarder.

D'un point de vue sémantique, on peut établir que la phrase 1 exprime au moins les relations sémantiques suivantes :

Phrase 1

1. *Le* monsieur (référence déterminée, il s'agit d'un «monsieur» qui a déjà été présenté à l'interlocuteur ou qui est présent au moment de l'énonciation).
2. *Vieux* monsieur (attribution de la qualité «vieux»).
3. *Le* monsieur (référence singulière).
4. *Ramasse* (référence singulière au niveau du sujet; *temps présent*: l'action décrite — ou sa représentation — est contemporaine de l'énonciation).
5. *Bois mort* (attribution qualitative).
6. *Du* bois (article partitif; une portion d'une certaine entité «bois» s'est ramassée).
7. *Monsieur ramasse bois* (structure Agent - Action - Objet).
8. *Pour faire du feu* (motif et conséquence de l'action).
9. *Faire du feu* (structure Action - Objet).
10. *Du feu* (article positif).

Phrase 2

1. *Il* (pronom au masculin singulier, substitut singulier pour un nom référent qui a été donné et est connu de l'interlocuteur).
2. *A conseillé* (référence singulière au niveau du sujet; *temps passé*: l'action décrite est antérieure à l'énonciation).

3. *M'* (pronom singulier; renvoie au locuteur — celui qui parle — dans la fonction de bénéficiaire de l'action décrite par le verbe).
4. *Il m'a conseillé de verser ma cotisation* (structure Agent - Bénéficiaire - Action - Objet).
5. *Ma cotisation* (référence singulière, possession exprimée et identité du possesseur : c'est le locuteur).
6. *Verser ma cotisation au parti* (structure Action - Objet - Bénéficiaire).
5-6. *Il m'a conseillé de verser ma cotisation au parti* (superstructure
   Agent - Bénéficiaire 1 -   Action 1 - Objet 1
                                              ||
   Agent sous-entendu ◯ Action 2 - Objet 2 - Bénéficiaire 2

   Agent sous-entendu (= Je) - est exprimé dans la paraphrase «Il m'a dit que je verse ma cotisation au parti».
7. *Au parti* (référence singulière et déterminée, l'interlocuteur sait de quel parti il s'agit).
8. *Sans plus tarder* (attribution d'une indication d'urgence à la construction «verser ma cotisation au parti»).
9. *Plus tarder* (attribution par rapport à «tarder»; référence à un délai déjà intervenu dans le versement).

Ces relations sémantiques peuvent être relativement nombreuses à l'intérieur d'une même phrase. En fait, plus elles sont nombreuses, plus le «poids sémantique» de la phrase est élevé, pour ainsi dire et plus l'organisation syntaxique (orale des mots, prépositions) de la phrase doit être bien agencée de façon à éviter l'ambiguïté. Toute la syntaxe est en réalité une réponse au problème d'exprimer de façon aussi peu ambiguë que possible un nombre important de relations sémantiques au sein de la même phrase (ce qui est désirable pour des raisons d'économie au niveau de la communication linguistique).

Le jeune enfant qui commence à combiner deux et ensuite plus de deux mots dans le même énoncé se trouve confronté au problème d'exprimer les relations sémantiques qu'il a perçues et qu'il a comprises dans ces énoncés (une relation sémantique par énoncé au début). Le Tableau 5 reprend les premières relations sémantiques exprimées par le jeune enfant (normal ou trisomique 21) dans des énoncés à 2 et à 3 mots.

Tableau 5: *Relations sémantiques dans les premiers énoncés à plusieurs mots* [1]

Relation	Explication	Exemple
1. Existence	Manifeste l'existence d'une entité	Tauto ta
2. Disparition	Signale la disparition ou l'inexistence momentanée d'une entité	Apu lait
3. Récurrence	Requête ou notification de réapparition d'une entité déjà observée	Co bonbon (encore bonbon)
4. Attribution	Spécifie un attribut d'une entité	Café taut (café chaud)
5. Possession	Indique une relation de possession	Tauto bébé (l'auto de bébé)
6. Localisation	Indique une relation de localisation	Papa buiau (papa est dans le bureau
7. Bénéfice	Stipule le bénéfice d'un état ou d'une action	pour(r) papa
8. Agent-action	Stipule la relation entre un agent et une action	bébé mange
9. Instrumentation	Exprime la fonction d'instrument qui sert une entité	Nettoyer brosse (on nettoye avec la brosse)
10. Action-objet	Stipule la relation entre une action et l'objet de cette action	Fappe chien (le garçon frappe le chien)
11. Agent-action-location	Exprime une relation agent-action qui fait l'objet d'une indication de location	Papa travaille bureau
12. Agent-action-objet	Combine une double relation au sein du même énoncé (agent-action et action-objet)	Bébé mang(e) tatin (tartine)

[1] D'après J.A. Rondal, *Votre enfant apprend à parler*. Liège: Mardaga, 1979.

De façon à préparer et à favoriser la construction des énoncés à plusieurs mots et la compréhension par l'enfant de portions du langage adulte, il faut travailler les relations sémantiques de base et cela d'abord à un niveau non verbal, ou avec le langage ne jouant d'abord qu'un simple rôle d'accompagnant. En se situant dans le prolongement des activités liées à l'exploration de l'environnement et destinées à favoriser la connaissance du monde environnant telles qu'elles sont expliquées au chapitre précédent, on cherchera systématiquement à faire prendre conscience à l'enfant des principales relations entre objets, personnes et événements qu'il peut appréhender et qui sont exprimées dans le langage courant. Il faut passer par là et prendre le temps de bien le faire. Il ne sert à rien de foncer tête baissée vers les énoncés à plusieurs mots et de les faire répéter à l'enfant jusqu'à production (s'il y arrive). Il faut construire graduellement les connaissances nécessaires à l'expression linguistique et fournir progressivement les moyens de cette dernière. De façon à préparer l'expression d'énoncés du type de ceux que nous donnons à titre d'exemple au Tableau 5, on sensibilisera d'abord l'enfant aux relations sémantiques qui y sont exprimées en utilisant les possibilités offertes par les objets de l'environnement immédiat. Après avoir fait constater et vivre ces relations par l'enfant, on les verbalisera en énoncés simples du type de ceux présentés au Tableau 5 en utilisant des mots que l'enfant comprend ou, mieux encore, qui font partie de son répertoire lexical productif. On amènera progressivement l'enfant à produire de tels énoncés en présence des objets, actions, événements impliqués dans la relation sémantique «sur laquelle on travaille». Si l'enfant ne produit qu'un mot, on lui fournit le second jusqu'à ce qu'il les produise tous les deux. Au début, il est possible que les énoncés soient un peu particuliers au sens où les deux mots peuvent être séparés par une courte pause («enco... lait») et présenter chacun leur propre courbe intonatoire («enco... lait») au lieu d'une enveloppe intonatoire intégrée («enco... lait»), comme c'est normalement le cas. On ne s'en inquiétera pas. Ces particularités disparaîtront rapidement. Aussi, il est généralement plus facile de faire passer l'enfant du stade des énoncés à deux mots à celui des énoncés à trois mots (et plus) que de l'amener du stade des énoncés à un mot à des énoncés comportant deux mots. Un effet «d'enroulement», pour ainsi dire, est observable ici comme dans tous les apprentissages. Il est sans doute inutile d'ajouter qu'il convient de renforcer soigneusement l'enfant chaque fois qu'il produit les énoncés souhaités et corrélativement de se montrer (par moments) moins satisfait de ses productions ne comportant qu'un seul mot.

2. Un langage avec deux classes de mots

Du point de vue de l'expression des premières relations sémantiques dans les énoncés à deux mots, l'*ordre des mots* n'a guère d'importance. On peut laisser l'enfant dire «Enco gâteau» ou «gâteau enco». L'adulte s'efforcera cependant d'utiliser l'ordre des mots le plus habituel dans la langue afin de familiariser l'enfant avec ce dispositif.

On peut s'acheminer alors vers une *phase transitoire* (observée naturellement dans l'évolution linguistique des jeunes enfants normaux) où un certain ordre est respecté dans les énoncés à deux et à trois mots qui provient des préférences même de l'enfant en matière d'ordinateur du matériau linguistique et qui se stabilise momentanément. De telles organisations correspondent à celles relevées au Tableau 6. Mais, il faut le noter, celles-ci sont de simples exemples. Votre enfant choisira peut-être d'autres combinaisons et ce sont les siennes qu'il faut favoriser et non nécessairement celles qui sont fournies ici. Ce type d'organisation a été appelé «grammaire-pivot». C'est une sorte d'organisation rudimentaire où un mot sert de pivot pour une série d'énoncés généralement construits en respectant le même ordre des mots.

Cette façon de procéder constitue une transition vers le stade de développement suivant où il s'agira de comprendre et de produire des énoncés et des phrases ayant une fonction précise et se conformant le mieux possible aux prescriptions de la grammaire de la langue.

Tableau 6: Les premiers énoncés ordonnés: quelques exemples[1]

Laver les mains	*Vois* bonbon
Laver cuillère	*Vois* pomme
Laver nez	*Vois* papa
Laver tasse	*Vois* poisson
A' voir mama (au revoir maman)	*Apu* maman (il n'y a plus de maman, elle est partie)
A' voir mammy	*Apu* papa
A' voir bébé	*Apu* bonbon
A' voir tonton	*Apu* lapin
A' voir lapin	*Apu* anana (banane)
Veux bonbon	*Pati* papa (papa est parti)
Veux tauto	*Pati* mama
	Pati bébé
	Pati lapin
	Pati bonbon
Tauto *ama* (l'auto est à moi)	*Boum* bateau (le bateau est tombé)
Bayon (ballon) *ama*	*Boum* tauto
Ké (clé) *ama*	*Boum* papa
	Boum bébé

Tauto *ènèna* (l'auto est là)
Tonton *ènèna*
Mammy *ènèna*
Maman (marraine) *ènèna*
Tèta (Stéphane) *ènèna*
Tèter (pomme de terre) *ènèna*

N.B.: Les termes «pivots» sont en italiques

[1] D'après J.A. Rondal, *Votre enfant apprend à parler*. Liège: Mardaga, 1979.

3. Une perspective fonctionnelle

Arrivé à ce stade, il convient certes de se demander quels énoncés et quelles phrases il faut faire apprendre à l'enfant trisomique 21. Quels critères utiliser dans cette démarche sélective et quels objectifs particuliers poursuivre dans l'entraînement de l'expression combinatoire et de la compréhension? Le ou les critères qui doivent primer sont à notre avis des *critères fonctionnels*. A quoi sert le langage? Qu'en faisons-nous? Que sont ces enfants trisomiques 21 susceptibles d'en faire? La question de la fonction ou de l'usage est posée.

A cette question, on peut répondre de la façon suivante. Cette réponse servira de guide au programme d'intervention proposé ensuite.

La fonction du langage est la *communication*. Communiquer, c'est mettre quelque chose en commun avec un interlocuteur. La chose mise en commun dans le cas du langage est le *message*. Celui-ci est composé de sons organisés en mots, ceux-ci s'organisent à leur tour en phrases. Ces sons qui forment des phrases permettent de représenter les significations que nous voulons transmettre. C'est aussi pour cette raison que l'on dit que le langage est *une représentation de la réalité* (comme le film, la peinture, le graphique de l'ordinateur, etc.). Deux sous-fonctions principales du langage font partie de cette fonction générale qu'est la communication: 1. *décrire (fonction descriptive)* et 2. influencer autrui *(fonction conative)*. Voyons ces deux fonctions plus en détail.

Fonction descriptive

Ce sont les utilisations du langage qui visent à décrire les objets, les personnes, les événements et/ou leurs relations sans chercher à agir d'une façon particulière sur autrui. Par exemple, la description d'une scène, d'un paysage, d'un objet, du temps qu'il fait, etc., sans autre but que cette description en elle-même. Cette démarche descriptive ne nécessite en aucune façon une réponse de l'interlocuteur.

Fonction conative

Ici réside sans doute l'essence de l'utilisation du langage. Le langage est un moyen de, un outil fort utile pour «agit sur l'autre» et «l'amener à se comporter d'une façon qui nous intéresse». Nous parlons pour obtenir certains effets qui impliquent l'interlocuteur. Ces effets sont multiples: convaincre, menacer, promettre, déclarer unis par les liens du mariage, argumenter en faveur de telle ou telle position, acheter, vendre, marchander, donner des ordres, inviter, obtenir de l'information, insulter, flatter, etc. Si la fonction descriptive du langage ne peut probablement intervenir que par la production de phrases déclaratives et exclamatives, la fonction conative, elle, s'accommode indifféremment des phrases déclaratives, impératives ou interrogatives. Considérons les exemples suivants:

1. «Ferme cette porte» (impérative).
2. «Je te demande de fermer cette porte» (déclarative.)
3. «Peux-tu fermer cette porte?» (interrogative).

Les phrases 1, 2, 3 comportent toutes les trois une requête en action (l'action de fermer une porte).

Ainsi le langage n'est pas seulement *contenu sémantique* et *règles syntaxiques*. Il est aussi communication et plus spécifiquement soit *description* pour autrui ou *action* (verbale) sur autrui de façon à obtenir un effet recherché[2]. En d'autres termes, il est nécessaire de connaître les mots et les règles combinatoires. Il faut aussi cependant pouvoir se servir de ces connaissances dans des buts bien précis.

Ce sont des fonctions habituelles du langage qu'il faut partir pour envisager les moyens verbaux dont nous pouvons disposer pour remplir ces fonctions. On entraînera alors l'enfant trisomique 21 à la maîtrise, au mieux de ses capacités, de ces moyens au service des objectifs de la communication. On laissera impitoyablement de côté tout ce qui dans l'arsenal linguistique n'est

---

[2] En fait, le langage permet aussi la description pour soi et l'action verbale sur soi-même (se donner l'ordre ou la consigne de faire quelque chose, de le faire à tel moment). Mais nous n'envisageons pas ici la communication avec soi-même.

pas de première utilité dans cette perspective. Le Tableau 7 récpitule ces notions, y compris les notions fonctionnelles.

Tableau 7: Ce que parler implique

---

1. Répertoire de *mots* (séquences organisées de sons dotées de signification).

2. Répertoire de *relations sémantiques* (découpage relationnel dans la réalité environnante) exprimables au moyen de *combinaisons de mots*.

3. Règles d'organisation des combinaisons de mots en *phrases*.

4. *Objectifs communicatifs :* - *descriptifs*
   - *conatifs*
   Ces objectifs commandent les types d'énoncés fournis et leur contenu. A partir de là, les mots sont choisis et combinés selon les règles en usage dont l'objectif est d'assurer la compréhension par l'interlocuteur.

Il faudra donc équiper l'enfant (et l'adulte trisomique 21, le cas échéant) de stratégies linguistiques descriptives et conatives, lui apprendre comment construire des phrases correspondant à ces stratégies, l'amener à comprendre les phrases faites par les autres et qui mettent en jeu ces stratégies, et l'entraîner à fonctionner socialement sur le plan langagier.

4. L'entraînement langagier

Nous disposons d'un plan de travail général (voir le Tableau 7) dont une partie a déjà été traduite en stratégies d'intervention. C'est le cas pour le répertoire lexical et les relations sémantiques. Nous pensons également qu'il nous faut doter nos sujets de stratégies linguistiques descriptives et conatives pour leur permettre de fonctionner dans le monde de la communication. Ces stratégies doivent être définies et la façon de les faire apprendre et utiliser à l'enfant doit être spécifiée.

A. *Stragégies linguistiques descriptives*

Quelles sont-elles ? Elles concernent essentiellement les phrases déclaratives (affirmatives et négatives). Il faut ici privilégier la voix active. On sait que seulement 5 % environ des phrases françaises sont produites à la voix passive. Celle-ci est passablement compliquée à produire et à comprendre (inversion des groupes sujet - logique et objet par rapport à la voix active; introduction de l'auxiliaire et participialisation du verbe principal; préposition agentive en tête du groupe sujet - logique; par exemple, *active*: «Le garçon pousse la fille»; *passive correspondante*: «La fille est poussée par le garçon»). Il ne paraît pas indiqué de chercher à faire apprendre cette tournure aux enfants trisomiques 21. On se concentrera donc sur les phrases déclaratives affirmatives actives (DAA) — exemple: «Le facteur distribue le courrier» — et déclaratives négatives actives (DNA) — exemple: «Le facteur ne distribue pas le courrier (aujourd'hui)». — On distingue en linguistique deux types essentiels de proposition: la *proposition nominale*: sujet-copule-attribut (exemple: «Le ciel est bleu»; la *proposition verbale*: sujet-verbe, avec ou sans complément[3] (exemples: «Le cheval hennit»; «Le cheval saute l'obstacle»).

B. *Stratégies linguistiques conatives*

Quelles sont-elles? Elles concernent les *phrases déclaratives, impératives et interrogatives*. Il s'agit d'obtenir quelque chose d'autrui. Ce quelque chose peut être une *action* (ou une non-action, c'est-à-dire l'inhibition d'une action), une *information* ou une *confirmation* sur un élément fourni précédemment.

On parlera donc de:

1. *Requêtes en action* (ou en non-action). Par exemple: «Passe-moi le sel», «Peux-tu me passer le sel?», «J'ai besoin de sel», «Ne bouge plus!», «Peux-tu ne plus bouger?», «Je veux que tu ne bouges plus».

2. *Requêtes en information*. Par exemple, «Combien sommes-nous?», «Je voudrais savoir combien nous sommes», «Dis-moi combien nous sommes».

3. *Requêtes en confirmation*. Par exemple: «Est-ce bien juste?», «Dis-moi si c'est cela que tu veux dire».

---

[3] Dans le premier cas, le verbe est dit *transitif* et dans le second cas, il est dit *intransitif*. Incidemment, seuls les verbes transitifs directs (c'est-à-dire admettant un complément d'objet direct) peuvent être produits à la voix passive.

Pour les requêtes en général (action, information, confirmation), on peut encore distinguer trois sous-types de requêtes :

1. *Requêtes directes* : formulées au moyen d'énoncés déclaratifs ou au mode impératif. Par exemple : « Donne-moi le marteau » ; « Je veux (que tu me donnes) le marteau ».

2. *Requêtes indirectes* : formulées au moyen d'énoncés interrogatifs. Par exemple : « Peux-tu me donner le marteau ? », « Veux-tu me donner le marteau ? » Dans ce type de requête, il faut noter que la question ne porte pas en fait sur la requête mais bien sur la capacité ou la volonté de l'interlocuteur d'effectuer l'action requise ou de fournir l'information demandée. Grammaticalement parlant, il serait permis de répondre littéralement à de telles requêtes. Par exemple à la question : « Pouvez-vous me donner l'heure ? », répondre « oui » ou « non » et s'en aller. En fait dans les situations de vie, nous interprétons habituellement de telles questions comme des requêtes et y répondons en conséquence. Par exemple, question : « Pouvez-vous me donner l'heure ». Réponse : « Oui, il est six heures trente » ou simplement : « Six heures trente ».

3. *Requêtes implicites.* Dans les deux catégories citées ci-dessus, la nature de requête de l'énoncé est rendue explicite par la formulation adoptée. Il existe cependant une troisième façon de requérir qui consiste à signaler le problème à l'interlocuteur en laissant à celui-ci le soin de deviner qu'il s'agit bien d'une requête. Imaginons la situation suivante : Une voiture roule à vive allure, les vitres avant largement abaissées, ce qui provoque un courant d'air à l'arrière. Supposons qu'à ce moment le passager assis à l'arrière de la voiture s'exprime de la façon suivante : « Il fait glacial dans cette voiture ». Il s'agit vraisemblablement d'une requête implicite en action (portant sur la fermeture des vitres de la voiture) et il y a de fortes chances pour que les passagers de la voiture assis à l'avant y réagissent — s'ils sont conciliants et attentifs — en relevant effectivement les vitres du véhicule jusqu'à éliminer le courant d'air. Il n'y a sans doute aucun besoin particulier d'entraîner les personnes trisomiques 21 à produire des requêtes implicites. Il suffira de les amener à produire des requêtes directes et indirectes. Quant à la compréhension, on pourra envisager de sensibiliser ces personnes à la

signification de requête que peuvent avoir certains énoncés apparamment anodins.

On notera encore que ce sont surtout les requêtes directes et indirectes — et non les requêtes implicites — qui s'accompagnent de formules additionnelles de politesse (si l'intention du locuteur est d'être poli évidemment). Par exemple : « Passe-moi le sel, s'il te plaît », « Veux-tu me passer le sel, s'il te plait », etc., et davantage semble-t-il les requêtes directes que les requêtes indirectes comme si (et c'est le cas) la formule de politesse venait « adoucir la 'brutalité' » de la requête directe et ainsi accroître les chances que l'interlocuteur (ainsi caressé « davantage dans le sens du poil ») s'y conforme effectivement.

En ce qui concerne *les questions*, on peut envisager les distinctions suivantes :

1. *Les questions oui-non*

Ce sont les questions auxquelles on peut (on ne doit pas nécessairement) répondre par oui ou par non. Elles peuvent être formulées en utilisant divers moyens de façon à rendre explicite leur statut de question.

A. *Questions basées sur l'intonation* : élévation du ton de la voix sur la dernière partie de l'énoncé qui par ailleurs est un énoncé déclaratif. Par exemple : « Tu as fini de manger ? »

B. *Questions basées sur l'inversion de l'ordre habituel du sujet et du premier élément du groupe du verbe* : par exemple : « As-tu fini de manger ? » On notera que, dans ce cas, il n'est nul besoin d'élever le ton de la voix en fin de phrase puisque le statut de question de l'énoncé est ouvertement marqué par l'inversion pronom-verbe.

C. *Questions introduites par la locution verbale figée* : « *Est-ce que* » (« *Est-c' que* ») : par exemple : « Est-ce que tu as fini de manger ? » La partie de l'énoncé qui suit la locution « Est-ce que » est une simple déclarative. Ici non plus, il n'est pas nécessaire d'élever la voix en fin de phrase, le statut de question de l'énoncé étant établi clairement par l'utilisation de la locution verbale.

2. *Les questions Q*

Ce sont les questions comportant un adjectif, un pronom, un adverbe interrogatif ou encore une locution adverbiale (*qui, quel, lequel, quand, comment, de qui, combien, où*, etc.), lesquels identifient l'énoncé comme une question sans qu'il soit nécessaire de recourir à une intonation particulière. Les réponses à fournir par l'interlocuteur sont spécifiées dans la formulation de la question puisqu'elles doivent consister en un mot ou un groupe de mots correspondant à l'élément interrogatif. Par exemple à la question : «Qui as-tu rencontré sur le chemin de l'école?», il est inopérant de répondre par une indication de temps, de lieu, de nombre, de possession, de cause, etc. La question porte sur une ou plusieurs personnes. De façon à se comporter correctement par rapport à ce type de question, il faut donc a) identifier l'énoncé comme question (c'est-à-dire comme un énoncé appelant normalement une réponse verbale) et b) identifier l'objet spécifique de la question.

3. *Les questions indirectes*

Les deux catégories ci-dessus concernent des questions «posées directement sous forme d'interrogation». Il existe également une façon dite indirecte de poser des questions. Voyons les exemples suivants :

1. Je te demande si Pierre est malade.
2. Je me demande si Pierre est malade.

En fait, dans ce type de question, la formulation n'est pas syntaxiquement interrogative. Elle est assurée par le verbe «demander» (ou d'autres verbes du même type comme «interroger», «essayer de savoir», etc. figurant au sein d'une phrase — qui peut être déclarative; voir les exemples ci-dessus — («Je me demande si quelque chose») ou le «quelque chose» est remplacé par une phrase déclarative.

C. *L'emphase*

Les énoncés emphatiques sont très fréquents dans l'usage linguistique. Prenons quelques exemples :

1. Moi, je vois le cheval.
2. Le cheval, je l'ai vu.
3. C'est Pierre qui a frappé le petit garçon.

4. C'est la secrétaire que j'ai vue.
5. Moi, je ne vois pas le cheval.
6. Le cheval, je ne l'ai pas vu.
7. C'est la secrétaire que je n'ai pas vue.
8. Pierre, frappe cette balle.
9. Pierre, remercie-le si tu le vois.
10. La secrétaire, est-ce que je l'ai vue ?

L'emphase affecte des énoncés aussi bien déclaratifs qu'impératifs ou interrogatifs. Elle se trouve dans le même cas à ce point de vue que la construction passive (voir plus haut). Expressions passives et emphatiques ne sont donc pas sur le même pied, du point de vue de la classification, que les distinctions interrogatives, impératives et déclaratives. Mais alors qu'on peut se dispenser d'entraîner les enfants à la production et à la compréhension des passives en raison de leur rareté, il n'en va pas de même pour les emphatiques qui sont beaucoup plus fréquentes. Heureusement, les emphatiques ne sont pas très difficiles ni à comprendre ni à produire. Il s'agit d'attirer l'attention du récepteur sur un élément particulier de l'énoncé en le mettant en évidence au commencement de ce dernier (plus rarement à la fin).

D. *Marquages morphologiques et syntaxiques*

Les énoncés produits, qu'ils poursuivent des objectifs descriptifs ou conatifs, 1. comportent des précisions au niveau du sens qui sont traduites dans la construction de l'énoncé (les prépositions, les articles, la conjugaison des verbes en tant que pourvoyeurs d'indications de temps à propos de ce que le verbe exprime, le marquage du genre et du nombre au niveau des noms), 2. correspondent à des règles portant sur l'ordre à donner aux mots des phrases pour exprimer diverses significations, 3. correspondent à des règles concernant l'ordre des mots (par exemple, déterminant-déterminé) et divers accords à respecter (par exemple, accord en genre et en nombre entre l'adjectif et le nom, accord en nombre entre le sujet et le verbe). Les trois séries de phénomènes sont importantes pour aboutir à une production linguistique qui soit parfaitement grammaticale. Cependant, s'il faut choisir (et peut-être le faut-il avec l'enfant trisomique 21 ou avec certains d'entre eux, soit momentanément, soit définitivement), ce sont aux deux premières catégories qu'il faut donner la priorité éducative parce qu'elles correspondent à des différences de signification et donc de fonction. Voyons cela plus en détail.

1. Marquages morphologiques ponctuels traduisant des significations originales

a) *Le marquage du genre et du nombre au niveau du nom*

Tous les noms communs (pris isolément) ne sont pas marqués (dans la langue parlée) de telle façon que le nombre et le genre puissent être décodés immédiatement (c'est le cas pour *cheval, chevaux, fermier, fermière, instituteur, institutrice, poule, coq,* etc.), mais ce n'est pas le cas pour quantité d'autres (par exemple, *bourgmestre, éléphant,* éléphant*s* — le s ne se prononçant pas, etc.). Dès lors, ces deux informations additionnelles (genre, nombre) qui peuvent être essentielles dans certains cas sont spécifiées au niveau de l'article.

b) *L'article*

En plus de la spécification (parfois redondante) du genre et du nombre, le rôle de l'article comporte aussi la définition du caractère *défini* ou *indéfini* du nom qui l'accompagne. Par exemple, 1. «Le cheval du voisin boîte bas» par opposition à 2. «Un cheval du voisin boîte bas»[4]; 3. «J'ai acheté une voiture, la mienne ne démarrait plus»; 4. «Il est revenu avec un mal de tête affreux»; 5. «Les maux de tête de Richard ont réapparu».

Dans 1, *le* est nécessaire parce que le cheval en question est spécifié. Il ne s'agit pas de n'importe quel cheval mais bien de celui — unique — du voisin. Le caractère légèrement bizarre de 2 montre l'incongruité qui consiste à faire précéder un nom défini de l'article indéfini. On utilisera dans ces cas plutôt une expression comme «Un des chevaux du voisin boîte bas». Dans 3, on ne précise pas de quelle voiture il s'agit. Dès lors, l'indéfini est de règle. «J'ai acheté la voiture» paraîtrait curieux sans autre information disponible au moment de l'énonciation. Le contraste indéfini-défini est illustré de même dans les phrases 4 et 5.

[4] L'astérisque signifie que l'énoncé en question n'est pas grammatical.

Ce contraste défini-indéfini au niveau de l'article est difficile. D'autant plus que c'est par rapport à ce que l'interlocuteur sait (ou de ce qu'on peut supposer qu'il sait) que le locuteur doit décider de l'usage de la forme définie ou indéfinie. Le contraste correct défini-indéfini n'est pas maîtrisé par la plupart des enfants en développement normal avant 7 ans environ. On n'exigera pas trop des sujets trisomiques à ce point de vue (non essentiel fonctionnellement parlant) et on n'investira pas trop d'efforts dans l'entraînement à ce contraste.

c) *Les prépositions*

Elles permettent de préciser le sens d'une apposition, soit d'éléments nominaux («maison Pierre» — «maison de Pierre» ou «maison à Pierre»; «papier table» — «papier sur table»; «papier panier» — «papier dans panier»; etc..), soit d'un élément verbal et d'un élément nominal («agir maladie» — «agir sur - la - maladie»; «frapper clou» — «frapper sur - le - clou»; «rentrer maison» — «rentrer à - la - maison» ou «rentrer dans - la - maison»; etc.). Les prépositions ne fournissent pas à proprement parler une signification additionnelle originale à l'énoncé. Elles spécifient une signification qui est manifeste dans l'opposition des termes mais qui reste implicite et donc potentiellement ambiguë.

Différents traits sémantiques interviennent dans le fonctionnement des prépositions:

1. *Le lieu:* prépositions *dans, par* («Il est passé par Liège»), *devant, derrière,* etc.
2. *La manière:* prépositions *avec, à la manière de,* etc.
3. *L'instrument:* prépositions *par* («Modifié par l'action de la chaleur»), *avec* («Nettoyer avec un torchon»), *à, de*.
4. *L'accompagnement:* préposition *avec* («Aller faire les courses avec maman»).
5. *Le temps:* prépositions *à, depuis, dès, avant, après,* etc.

d) *La conjugaison des verbes*

Elle sert à indiquer le temps[5], c'est-à-dire à fournir une information sur le moment où se sont déroulés, se déroulent ou se

---

[5] En fait, la conjugaison sert aussi à informer sur certaines caractéristiques non temporelles de l'action, processus ou état exprimés par le verbe, ce qu'on appelle l'aspect,

▶

dérouleront l'action, le processus, ainsi que où s'est passé, se passe ou se passera l'état, désignés par le verbe par rapport au moment de l'énonciation. Ce moment peut être le *passé*, le *présent* ou le *futur*. On doit se limiter aux temps *présent, futur (simple)* de la conjugaisoin française, avec en outre, pour le passé, soit l'imparfait (durée dans le passé), soit le *passé composé* (action, processus ou état terminés au moment de l'énonciation). La durée dans le présent ou dans le futur peut être aisément rendue en français au moyen de l'expression verbale «être en train de» («Il est en train de», «Il sera en train de»).

2. Règles séquentielles

Il existe en français des règles séquentielles qu'il est indispensable de suivre si on veut se faire comprendre. Ces règles permettent de traduire de façon non équivoque les principales relations sémantiques qu'on cherche à exprimer. Par exemple, en français, l'adjectif qualificatif précède généralement l'élément qualifié (substantif). On dit «une petite maison». Le placement du modificateur à la suite du substantif signale habituellement une signification particulière. Par exemple, «un grand homme» et «un homme grand». De même, la séquence sujet-verbe (S-V-O) — canonique en français — traduit souvent une relation agent-action-objet (par exemple, «Le chasseur tire le lapin». C'est le cas dans les phrases actives. A la voix passive, l'ordres S-V-O traduit une relation objet-action-agent (par exemple, «Le lapin est abattu par le chasseur»). Le statut «passif» de la phrase (et donc la nécessité d'une interprétation sémantique renversée) est signalée en surface par l'utilisation de l'auxiliaire et du participe passé («est abattu») et de la préposition agentive («par») ainsi appelée parce qu'elle introduit l'agent («le chasseur» dans l'exemple ci-dessus). Il convient d'apprendre à organiser ses énoncés selon les règles séquentielles en vigueur dans la langue de façon à transmettre adéquatement les significations intentées et donc à pouvoir être compris par l'interlocuteur.

---

comme par exemple le fait de savoir si l'action est (était, sera) en cours. «Il est en train de couper du bois», ou l'indication d'une occupation habituelle («Il coupe du bois — tous les samedis —») ou encore si l'action est terminée et a donc eu un résultat «Il a coupé du bois» par opposition à «Il coupait du bois — lorsque je suis arrivé —»).

3. Coordination et subordination

Deux moyens utiles de transmettre plus d'informations sans accroître exagérément le nombre de mots dans l'énoncé sont la coordination (à l'intérieur du groupe du nom) et la subordination. Au lieu de dire: «Jacques possède une voiture. Pierre possède une voiture». On pourra dire: «Jacques et Pierre possèdent chacun une voiture». Il s'agit d'un cas de coordination à l'intérieur du groupe du nom-sujet. Cette coordination est marquée par la conjonction dite de coordination «et» qui est la plus fréquente en français.

La subordination consiste à enchâsser une proposition (dite subordonnée) dans une autre proposition (dite principale). Par exemple, la phrase complexe: «Il dit que Pierre a acheté une voiture» vient d'une intégration de deux propositions:
1. «Il dit quelque chose».
2. «Pierre a acheté une voiture».

La seconde proposition est dite complétive dans l'exemple ci-dessus, parce qu'elle vient compléter le sens de la proposition 1 (et notamment du verbe).

Il existe toute une série de types de propositions ou de coordonnées. Toute grammaire en fournit la liste. D'un point de vue fonctionnel en ce qui concerne les personnes trisomiques 21, on pourra sans doute se limiter à quatre types principaux : *les subordonnées complétives, les subordonnées relatives, les subordonnées circonstantielles temporelles et les subordonnées circonstantielles de cause (justificatives et/ou explicatives)*. Examinons plus précisément ces catégories.

a) *Les subordonnées complétives*

Comme il est indiqué ci-dessus, elles ont la fonction des groupes nominaux compléments et viennent donc compléter l'information fournie dans la préposition principale.

Exemples:
1. Il dit qu'il est passé.
2. Il signale que la route est barrée.
3. Il demande qu'on arrive à l'heure.
4. Il craint que Pierre ne vienne.

Le plus souvent, ces subordonnées suivent le verbe et concernent essentiellement des verbes dont le sens est lié à l'échange d'informations entre interlocuteurs ou à l'expression de la croyance, crainte ou autres contenus de la pensée.

b) *Les subordonnées relatives*

Elles ajoutent des précisions relativement à un élément nominal (substantif, personne, certains pronoms) de la proposition principale (sujet, objet, déterminant, locatif, etc.).

Exemples :
1. Jacques qui n'avait pas mangé était de mauvaise humeur.
2. Lui qui ne dit jamais rien était très loquace pour une fois.
3. La maison de Jacques qui a déménagé l'année dernière est à vendre.
4. Le fermier à vendu le cheval qui galopait dans la prairie.
5. Le fermier a vendu le cheval dont il ne savait plus que faire.
6. Le cheval galopait dans la prairie qui a été inondée l'hiver dernier.

c) *Les subordonnées circonstantielles temporelles*

Elles permettent de préciser le moment (passé, présent ou futur) où un événement intervient par rapport à un autre événement exprimé dans la proposition principale. Deux cas peuvent se présenter. Un premier cas où l'ordre d'énonciation correspond directement à l'ordre dans lequel les deux événements relatés sont intervenus (exemple 1 ci-dessous). Un second cas où l'ordre d'énonciation est inversé par rapport à l'ordre réel (exemple 2). Le second cas est plus difficile à apprendre que le premier.

Exemples :
1. Après qu'il eut essuyé ses skis, le guide est entré dans la pièce.
2. Le guide est entré dans la pièce après qu'il eut essuyé ses skis.

d) *Les subordonnées circonstantielles de cause*

Elles fournissent une justification avec explication pour l'événement décrit ou l'indication fournie dans la proposition principale.

Exemple :
- L'homme a remplacé le pneu de sa voiture parce qu'il était abîmé.

Nous fournissons, ci-dessous, les échelles d'évaluation et les principes de la démarche d'intervention pour ces différentes structures. En ce qui concerne les échelles d'évaluation, on procède de la même façon que précédemment, à une exception près, cependant. Les structures linguistiques repérées ici ne sont pas disposées selon un ordre strict qui serait la séquence obligée d'acquisition. Elles ont été regroupées par catégories fonctionnelles et grammaticales. De ce fait, les nombres qui se trouvent dans la colonne de gauche dans les relevés évaluatifs sont simplement des points de repère cardinaux et n'expriment aucune ordination véritable. Les indications et conseils relatifs à l'intervention suivent le bloc évaluation. On ne les a pas présentés individuellement pour chaque structure après l'évaluation correspondante en raison des liens que ces structures ont entre elles (stratégies descriptives et conatives, marquages grammaticaux, élaboration du discours).

1. Stratégies linguistiques descriptives: Echelle d'évaluation

Numérotation	Définition des structures	Repérage	Observations
1	Enoncés[1] déclaratifs affirmatifs (par exemple: « beau », indiquant que quelque chose est jugé beau.)		
2	Enoncés déclaratifs négatifs (par exemple: « pas beau »).		
3	Phrases[2] déclaratives affirmatives (par exemple: « Camion est beau »; « Garçon mangé »).		
4	Phrases déclaratives négatives (par exemple: « Camion est pas beau »; « Garçon mange pas »).		
5	Propositions nominales (sujet-copule-attribut) (par exemple: « Camion est beau »).		

[1] Un énoncé est toute production verbale (contenant un ou plusieurs mots) séparée avant et après par une pause clairement identifiable.
[2] Une phrase est un énoncé contenant minimalement un nom (ou un pronom) et un verbe dans une relation sujet-verbe.

INTERVENTION LANGAGIERE 169

1. Stratégies linguistiques descriptives : Echelle d'évaluation (suite)

Numérota-tion	Définition des structures	Repérage	Observations
6	Propositions verbales intransitives (sujet-verbe) (par exemple : « Garçon dort »).		
7	Propositions verbales transitives directes (sujet, verbe-objet direct) (par exemple : « Garçon mange tartine »).		
8[3]	Propositions verbales transitives indirectes (sujet-verbe-objet indirect) (Par exemple : « Bébé donne à maman »). Ces propositions peuvent comprendre un objet direct également, selon la nature sémantique du verbe (par exemple : « Bébé donne balle à maman »)[4].		

[3] Les catégories 1 à 8 ne sont pas toutes exclusives l'une de l'autre. Elles mettent l'accent sur un aspect particulier à la fois de la production verbale. On devra donc cocher à plusieurs endroits à la fois pour établir l'évaluation des productions de l'enfant en regard de cette grille d'évaluation.
[4] Les articles ont été omis volontairement dans les exemples de cette grille d'évaluation pour montrer que leur présence n'est nullement indispensable pour qu'un énoncé ou une phrase puisse être identifiée comme affirmative, négative, propositionnelle, nominale ou verbale.

2. *Stratégies linguistiques conatives : Echelle d'évaluation*

Numérotation	Définition des structures	Repérage	Observations
1	Requêtes directes en action (impératives, par exemple : « Donne-moi ça » ; ou déclaratives, par exemple : « Je veux ça »).		
2	Requêtes indirectes en action (interrogatives, par exemple : « Peux-tu me donner ça ? »).		
3	Requêtes directes en information (impératives, par exemple : « Dis-moi l'heure qu'il est » ; ou déclaratives, par exemple : « Tu me dis l'heure qu'il est »).		
4	Requêtes indirectes en information (interrogatives, par exemple : « Peux-tu me dire l'heure qu'il est ? »).		

INTERVENTION LANGAGIERE 171

2. Stratégies linguistiques conatives : Echelle d'évaluation (suite)

Numérotation	Définition des structures	Repérage	Observations
5	Requêtes en confirmation (par exemple : « C'est ça ? »).		
6	Questions oui-non basées sur l'intonation (par exemple : « Tu viens ? »).		
7	Questions oui-non basées sur l'inversion de l'ordre habituel du pronom sujet et du premier élément du groupe verbal (par exemple : « Viens-tu ? »).		
8	Questions oui-non introduites par la locution « Est-ce que » (par exemple : « Est-ce que tu viens ? »).		
9	Questions Q. A. Introduites par *qui* ou comportant *qui* (par exemple : « Qui vient ? » ; « C'est qui ? »).		

2. *Stratégies linguistiques conatives : Echelle d'évaluation (suite)*

Numérota-tion	Définition des structures	Repérage	Observations
	B. Introduites par *quel* ou comportant *lequel* (par exemple : « Quel camarade vient ? » ; « C'est lequel ? »).		
	C. Introduites par *quand* ou comportant *quand* (par exemple : « Quand vient-il ? » ; « Il vient quand ? »).		
	D. Introduites par *comment* ou comportant *comment* (par exemple : « Comment vient-il ? » ; « Il vient comment ? »).		
	E. Introduites par *combien* ou comportant *combien* (par exemple : « Combien cela coûte-t-il ? » ; « Cela coûte combien ? »).		

2. *Stratégies linguistiques conatives: Echelle d'évaluation (suite)*

Numérota-tion	Définition des structures	Repérage	Observations
	F. Introduites par *de qui* ou comportant *de qui* (par exemple: «De qui dépend-il?»; «Il dépend de qui?»).		
	G. Introduites par *où* ou comportant *où* (par exemple: «Où est-il?»; «Il est où?»).		
	H. Introduites par *pourquoi* ou comportant *pourquoi* (par exemple: «Pourquoi vient-il?»; «Il vient pourquoi?»).		
10¹	Questions indirectes déclaratives (par exemple: «Je me demande s'il viendra»).		

¹ Les catégories 1 à 5 et 6 à 10 respectivement ne sont pas mutuellement exclusives. On pourra donc être amené à cocher à plusieurs endroits à la fois pour évaluer les productions de l'enfant (par exemple, la production: «Tu peux me donner ça?» est à la fois une requête indirecte en action — 2 — et une question oui-non basée sur l'intonation — 6 —).

3. Marquages morphologiques et syntaxiques : Echelle d'évaluation

Numérotation	Définition des structures	Repérage	Observations
1	Marquage du genre et du nombre au niveau du nom.		
2	Production des articles correctement marqués pour le genre et le nombre.		
3	Production des prépositions : A. *de lieu* (dans, devant, derrière, etc.) B. *de manière* (avec, à la manière de, etc.) C. *d'instruments* (par, avec, à, de, etc.) D. *d'accompagnement* (avec) E. *de temps* (à, depuis, dès, avant, après, etc.)		
4	Conjugaison des verbes : A. Au présent. B. Au passé (imparfait, passé simple, composé). C. Au futur (futur simple, futur antérieur).		

4. Règles séquentielles : Echelle d'évaluation

Numérota-tion	Définition des structures	Repérage	Observations
1	Ordre : adjectif qualificatif-substantif (par exemple : « Un beau cheval »).		
2	Ordre sujet-verbe intransitif (par exemple : « Le bébé dort »).		
3	Ordre sujet-verbe-objet direct (par exemple : « Le bébé mange sa panade »).		
4	Ordre sujet-verbe-objet direct-objet indirect (par exemple : « Bébé donne la balle à papa »).		

5. Coordination et subordination : Echelle d'évaluation

Numérotation	Définition des structures	Repérage	Observations
1	Coordination intrasyntagmatique (par exemple : « Jacques et Pierre sont venus »).		
2	Coordination interproposition (par exemple : « Jacques est venu et Pierre est venu — aussi — »).		
3	Subordination complétive (par exemple : « Il a dit qu'il ne viendrait pas »).		
4	Subordination relative (par exemple : « Mon père a acheté la maison qui est au coin de la rue »).		
5	Subordination circonstancielle de cause (par exemple : « J'ai dit ça parce que j'étais fâché »).		
6	Subordination circonstancielle temporelle (par exemple : « Le train est parti quand le chef de gare a sifflé »).		

Faciliter la production de stratégies linguistiques descriptives et conatives correctement marquées morphologiquement et syntaxiquement et correctement séquentialisées

Le problème est double. Il s'agit, d'une part, de partir du fonctionnement communicatif et, d'autre part, d'organiser le discours selon les règles grammaticales en vigueur dans la langue. Cette organisation ne va pas sans poser de délicats problèmes aux enfants handicapés mentaux en raison du poids qu'elle impose en mémoire immédiate pendant le «processing» des énoncés et des subtilités cognitives qu'elle implique. Enfin, il convient de distinguer la production des structures linguistiques en question et leur compréhension.

Le volet productif

On consacrera, si possible quotidiennement, quelques minutes à diverses petites activités faciles à organiser et à diriger.

1. *Décrire des événements joués*

Les jeux d'actions et de relations tels qu'on les trouve dans le commerce ou tels qu'on peut facilement les créer (jeu du village, de la ferme, de la poste, de la station service, etc.) au moyen de quelques personnages miniaturisés et de quelques boîtes, assemblages en carton ou en plastique, conviennent bien aux enfants. On peut y jouer quantité d'actions, relations, événements, états, etc., et amener l'enfant à les verbaliser graduellement. Le principe général de l'activité et sa démarche sont les suivants: l'adulte manipule les éléments concrets et fait verbaliser l'enfant par rapport aux actions, états, relations et événements joués. Il devra au début procéder très clairement et lentement. Le caractère ludique de l'activité doit toujours être au premier plan. On pourra répéter les actions, les événements plusieurs fois, les décomposer, attirer l'attention sur les propriétés sémantiques à faire verbaliser (par exemple: la pluralité du référent), etc. A cet aspect présentatif, il faut joindre les feedbacks appropriés. Féliciter et encourager l'enfant après chaque production valable, certes, mais aussi et peut-être surtout, répéter ce qu'il dit tout en complétant ou en élaborant davantage ses énoncés, le cas échéant (*expansion*, par exemple, *enfant* : «Camion recule»; *adulte* : «Le camion recule dans le garage»). Quantités d'activités de support linguistique sont ainsi envisageables et permettent d'introduire ou de préciser des termes de vocabulaire, de favoriser et de structurer le discours descriptif et de le grammaticaliser adéquatement.

Il est utile pour procéder à ces activités, d'avoir un objectif précis qui devra varier avec les progrès et l'évolution de l'enfant. Par exemple, décider de se centrer certains jours sur telle ou telle notion sémantique (pluralité, temps, possession, etc.) ou grammaticale (ordre des mots, accord sujet-verbe, etc.).

2. *Autoscopie ou «Autophonie»*

Dans ce contexte, il peut être intéressant d'enregistrer soit audio-visuellement, soit sur une «simple» bande sonore les échanges langagiers avec l'enfant. On pourra de cette manière les réécouter et se faire une idée plus précise des difficultés et des progrès de l'enfant et donc disposer d'une meilleure base évolutive à partir de laquelle mieux organiser l'intervention langagière. Il sera également possible de faire visionner (autoscopie) ou réécouter ces enregistrements à l'enfant («autophonie») — il devra s'agir d'un enfant plus âgé, évidemment —; ou à l'adolescent. Au visionnement ou à la réécoute, on pourra alors (arrêt sur image ou sur bande) attirer l'attention de l'enfant ou de l'adolescent sur certaines caractéristiques de son expression, lui en faire mieux prendre conscience et favoriser par conséquent le développement et l'amélioration de cette expression.

3. *Les «scripts» fonctionnels*

Les «scripts» sont également utilisables pour favoriser une meilleure élaboration du discours tout en garantissant un entraînement fonctionnel. Cette technique est applicable à l'enfant plus âgé, l'adolescent et l'adulte handicapé mental. On identifie d'abord quelques situations propres à intervenir assez fréquemment dans l'existence de la personne handicapée (école, atelier, magasin, prendre le bus, etc.). On répertorie de façon souple les types d'échanges langagiers susceptibles d'intervenir dans ces situations et on y entraîne systématiquement la personne handicapée en y jouant avec elle. Ces scripts peuvent être repris et variés jusqu'à ce que leur déroulement surtout verbal soit au point. Après quoi, on peut envisager d'amener la personne handicapée à les pratiquer, avec assistance d'abord, en situation réelle de vie. L'autoscopie et l'autophonie sont bien sûr utilisables dans ces situations avec les mêmes objectifs que ceux décrits dans la section précédente.

Le volet réceptif

Les activités que nous venons de présenter et qui se rapportent plus spécifiquement au volet productif du langage sont également utilisables pour l'entraînement du volet réceptif. La distribution entre réception et production utile en ce qui concerne l'évaluation et l'intervention est cependant arbitraire dans le fonctionnement langagier réel où il s'agit toujours de produire et de comprendre à tour de rôle.

Certaines activités spécifiques pourront être exploitées de façon à entraîner la compréhension verbale et à fournir au sujet les explications et les démonstrations nécessaires dès qu'on constate l'existence d'un problème particulier en matière de compréhension langagière.

Parmi ces activités, nous signalerons:

a) *Accomplir une action ou une série d'actions décrites verbalement*

Il s'agit de faire exécuter à l'enfant (adolescent ou adulte) handicapé une action ou une série d'actions sur l'objet ou les objets indiqués et ce dans le cadre, etc., de la vie de tous les jours. On proposera une consigne verbale, d'abord simple puis plus complexe au fur et à mesure des progrès du sujet. Les mouvements et positionnement du corps dans l'espace («Ferme les yeux», «Tourne la tête», «Lève le bras», «Lève le bras droit», «Tourne la tête à droite», «Place-toi debout devant la porte», «Place-toi debout à droite de la porte», etc.) sont utilisables à cet effet. Quantités d'exercices peuvent être imagés facilement et exécutés sans requérir de matériel particulier. Les déplacements et positionnements d'objets divers (familiers) sont également utilisables dans le même but.

b) *Même activité dans le contexte des jeux de vie miniaturisés* (décrits plus haut)

Au lieu de faire décrire verbalement à l'enfant des activités, actions, etc., effectuées par l'adulte avec les jouets et éléments miniaturisés dont il a été question plus haut, il s'agit ici de procéder selon le déroulement inverse. L'adulte décrit verbalement et l'enfant traduit en actions les indications verbales fournies. On peut de cette façon voir comment le sujet interprète la consigne verbale et travailler à préciser, à améliorer et à développer sa compréhension. De telles activités prendront également la forme de jeux à effectuer quelques minutes par jour ou, à défaut, à intervalles réguliers dans le cours de la semaine.

Favoriser la coordination et la subordination

Ici aussi, on pourra s'aider d'un matériel concret et notamment de jeux mais le type d'entraînement que nous allons décrire peut être mené à bien sous la seule forme de jeu verbal.

Pour la *coordination*, on procèdera d'abord à l'entraînement de l'utilisation de la conjonction «et» (la plus utilisée et la plus simple) soit en intersyntagmatique, soit en interprépositionnel, en faisant suivre une proposition ou un syntagme produit par le suje de «et» avec intonation légèrement montante. Par exemple, *enfant*: «Le fermier fait rentrer la vache noire»; *adulte* «et...» (indiquant, par exemple, la vache blanche du doigt dans le jeu de la ferme); *enfant*: «... et la vache blanche». *Enfant*: «Le fermier conduit son tracteur»; *adulte*: «et...» (faisant effectuer au fermier une autre action); *enfant* «... et il va nourrir ses bêtes»). Il est également intéressant de faire apprendre à l'enfant trisomique 21 les conjonctions «mais» et «ou». Le sens et le rôle de ces deux conjonctions diffèrent évidemment du «et». Dans le cas du «mais», la proposition conjointe introduit une réserve (par exemple, «Jean est venu mais pas Jacques»). Dans le cas du «ou», la proposition conjointe exprime la seconde branche d'une alternative dont la première branche a été fournie dans la première proposition (par exemple, «Tu viens ou tu ne viens pas»). Il convient de sensibiliser les enfants à ces nuances sémantiques et logiques avant de procéder à l'apprentissage et à la mise en pratique des formes langagières.

Pour la *subordination* (et en se limitant aux 4 types de subordonnées décrits plus haut), on commencera par *les complétives et les circonstancielles causatives*. Une bonne façon de procéder est de prononcer le début de l'énoncé complexe (la proposition principale) en laissant à l'enfant le soin de le compléter au moyen de la subordonnée en question (par exemple, «Il a dit...»; «Pourquoi a-t-il fait cela?»; «Il a fait cela parce que...»). Il convient évidemment que l'enfant dispose d'une saisie suffisante de la situation au plan non linguistique avant de commencer l'entraînement linguistique.

Pour les *circonstancielles temporelles*, l'enfant doit exprimer le rapport de temps qui existe entre les événements relatés dans la proposition principale et dans la proposition subordonnée. Les jeux avec personnages miniaturisés conviennent bien pour servir de support concret à ce genre d'apprentissage. On fera dire à l'enfant qui fait quoi et à quel moment par rapport à un autre événement ou une autre action. Par exemple, les actions suivantes en ce qui concerne un jeu où interviennent le contexte et les personnages de la ferme :
- le fermier sort/rentre son tracteur (du garage);
- le fermier fait rentrer/sortir les animaux;
- la fermière prépare le repas;
- le fermier et la fermière traient les vaches;
- la fermière nourrit ses poules.
Etc.

Diverses combinaisons avec subordination pourront être jouées et ensuite verbalisées en respectant de préférence dans l'énonciation, l'ordre réel (non linguistique) des événements rapportés. Par exemple : «Le fermier rentre son tracteur avant de faire rentrer les animaux dans l'étable»; «Le fermier prépare le repas avant de nourrir ses poules». Etc.

Enfin, pour les *subordonnées relatives*, on peut procéder selon la technique de complètement de phrases ou de propositions. On introduit le pronom relatif à l'endroit indiqué dans la phrase en demandant à l'enfant (jeu à installer) de compléter la proposition ainsi introduite et ensuite de reprendre toute la phrase. Par exemple : «Le fermier qui... sort son tracteur du garage»;

« Le fermier conduit son tracteur dans la prairie qui... »; etc. Les compléments d'information ainsi introduits peuvent se rapporter à des événements réels (ou joués) ou à des événements, relations imaginaires. Il est important de maintenir en permanence l'aspect ludique de ces activités de constructions linguistiques.

Postface

Au risque de nous répéter, nous réaffirmons avec force que l'enfant trisomique 21 peut progresser considérablement dans tous les domaines, et particulièrement dans celui qui nous intéresse ici, le domaine du langage et de la communication pour autant que l'on se donne la peine de le stimuler et de l'entraîner de façon appropriée. Par «façon appropriée», nous entendons une approche systématique éclairée par une démarche évaluative informée du détail des séquences de développement en langage et faisant usage des principes d'intervention les plus indiqués en champ libre. La situation d'entraînement exploitée ici est le contexte familial habituel et non le cabinet du rééducateur ou le laboratoire du psycholinguiste. L'intervenant est le parent de l'enfant lui-même. Nous pensons que l'exploitation du contexte familial à fin d'intervention présente de grands avantages (voir Rondal, 1985[1], pour une présentation et une discussion de ces avantages). Une telle situation n'oblige en aucune façon à renoncer à l'application des principes issus d'une saine psychologie de l'apprentissage. Et c'est ce que nous avons essayé de montrer dans ce petit livre. A tous les parents, notre sympathie et nos encouragements. La route est longue, mais l'enjeu est d'importance. Peu de choses sont inaccessibles à ceux qui ont la foi lorsque celle-ci se double des connaissances nécessaires.

---

[1] J.A. Rondal, *Langage et communication chez les handicapés mentaux: Théorie, évaluation et intervention.* Liège: Mardaga, 1985.

Eléments de bibliographie

Les ouvrages en français et en anglais dont la liste est fournie ci-dessous contiennent des informations complémentaires sur divers aspects du développement de l'enfant trisomique 21 (motricité, fonctionnement intellectuel, socialisation, langage, etc.) ainsi que sur l'étiologie et les caractéristiques organiques du syndrome de la trisomie 21.

BENDA, C. *The child with mongolism*. New York: Grune and Stratton, 1960.
CARR, J. Mongolism: Telling the parents. *Developmental Medecine and Child Neurology*, 1970, *12*, 213-221.
COWIE, V. *A study of early developments of mongols*. Oxford: Pergamon Press, 1970.
CUILLERET, M. *Les trisomiques parmi nous*. Lyon: Simep, 1981.
CUNNINGHAM, C. & SLOPER, P. *Parents of Down's syndrome babies, their early needs*. Londres: Souvenir Press, 1978.
ECHAVIDRE, B. *Débile toi-même*. Paris: Fleurus, 1979.
FRASER, F. & SADOVNICK, A. Correlation of I.Q. in subjects with Down's syndrome. *Journal of Mental Deficiency Research*, 1976, *20*, 179-182.
GIBSON, D. *Down's syndrome*. New York: Academic Press, 1981.
LAMBERT, J.L. & RONDAL, J.A. *Le mongolisme*. Liège: Mardaga, 1979.
PENROSE, L. & SMITH, G. *Down's syndrome*. Londres: Churchill, 1966.
PIPER, M. & PLESS, I. Early intervention with Down's syndrome children. *Pediatrics*, 1980, *65*, 463-468.
RONDAL, J.A. Early language intervention in severely and moderately retarded children. In A. Fink (ed.), *International perspectives on future special education*. Reston, Virginia: The Council for Exceptional Children, 1978.
RONDAL, J.A. *Votre enfant apprend à parler*. Liège: Mardaga, 1979.
RONDAL, J.A. *Langage et communication chez les handicapés mentaux: Théorie, évaluation et intervention*. Liège: Mardaga, 1985.
RONDAL, J.A. & LAMBERT, J.L. *Questions et réponses sur le mongolisme*. Québec et Paris: Editions La Liberté et Maloine, 1982.
RONDAL, J.A. & SERON, X. (eds). *Troubles du langage. Diagnostic et rééducation*. Liège: Mardaga, 1982.
RONDAL, J.A., LAMBERT, J.L. & CHIPMAN, H.H. *Psycholinguistique et handicap mental*. Liège: Mardaga, 1981.
SMITH, D. & WILSON, A. *L'enfant trisomique 21*. Paris: Centurion, 1976.

Table des matières

Introduction 9

Chapitre 1: Qui est l'enfant trisomique 21? 15
A. Du mongolisme à la trisomie 21 15
B. Etiologie de la trisomie 21 16
C. Les trisomiques parmi nous 19
D. Le potentiel de développement de l'enfant trisomique 21 24
E. Perspectives éducatives: on récolte ce qu'on a semé 25

Chapitre 2: Les rôles de la communication et du langage dans le développement et la socialisation de l'enfant trisomique 27
A. Parler, pour quoi faire? 27
B. Parler avec son corps, avec ses membres, son visage. Parler avec des mots . 28
C. Le rôle des parents et de l'entourage 30
D. La socialisation de l'enfant trisomique 33

Chapitre 3: Aperçu sur le développement du langage chez l'enfant trisomique 21   35
A. Avant le langage: communiquer, échanger et interagir 35
B. Les premières manifestations du langage 44
C. Le langage de l'enfant et de l'adolescent trisomique 48

Chapitre 4: L'aide et l'intervention en matière de langage avec l'enfant trisomique 21 51
A. Aide et intervention éducative 51
B. Commencer tôt, s'y tenir et y croire 53

C. Comprendre que le langage n'émerge pas du néant mais d'une interaction qu'il faut préparer et développer 54
D. Comprendre que le langage est représentation et saisie de la réalité en même temps que communication. Il y a une réalité à analyser et à comprendre avant de pouvoir l'exprimer et la transmettre 55
E. Participation des parents à l'éducation langagière de leur enfant 56
F. Le principe de l'évaluation continue et celui de la substitution des objectifs éducatifs selon la dimension de temps 57
G. Les différents aspects du langage 58

Chapitre 5: Indications pratiques sur l'évaluation et l'apprentissage 61

A. Comment évaluer? 61
B. L'apprentissage: démarche générale 63

Chapitre 6: Intervention prélangagière 69

A. Installation d'une relation réciproque 69
B. Communication non verbale et imitation gestuelle 72
C. Babillage 81
D. Les personnes, les choses et les événements de l'environnement. Le problème de la référence et la notion d'objet permanent 87
E. Converser avant les mots 129
F. Imitation des sons 131

Chapitre 7: Intervention langagière 137

A. Le développement du vocabulaire et l'articulation 137
   1. L'articulation des sons et la co-articulation 141
   2. La signification et la référence 145
B. L'organisation sémantico-syntaxique de l'expression verbale 147
   1. Les relations sémantiques 148
   2. Un langage avec deux classes de mots 152
   3. Une perspective fonctionnelle 154
   4. L'entraînement langagier 156

Postface 183

Eléments de bibliographie 185

Table des matières 187

PSYCHOLOGIE ET SCIENCES HUMAINES
collection publiée sous la direction de MARC RICHELLE

1 Dr Paul Chauchard: LA MAITRISE DE SOI, 9ᵉ éd.
5 François Duyckaerts: LA FORMATION DU LIEN SEXUEL, 9ᵉ éd.
7 Paul-A. Osterrieth: FAIRE DES ADULTES, 16ᵉ éd.
9 Daniel Widlöcher: L'INTERPRETATION DES DESSINS D'ENFANTS, 9ᵉ éd.
11 Berthe Reymond-Rivier: LE DEVELOPPEMENT SOCIAL DE L'ENFANT ET DE L'ADOLESCENT, 9ᵉ éd.
12 Maurice Dongier: NEVROSES ET TROUBLES PSYCHOSOMATIQUES, 7ᵉ éd.
15 Roger Mucchielli: INTRODUCTION A LA PSYCHOLOGIE STRUCTURALE, 3ᵉ éd.
16 Claude Köhler: JEUNES DEFICIENTS MENTAUX, 4ᵉ éd.
21 Dr P. Geissmann et Dr R. Durand: LES METHODES DE RELAXATION, 4ᵉ éd.
22 H. T. Klinkhamer-Steketée: PSYCHOTHERAPIE PAR LE JEU, 3ᵉ éd.
23 Louis Corman: L'EXAMEN PSYCHOLOGIQUE D'UN ENFANT, 3ᵉ éd.
24 Marc Richelle: POURQUOI LES PSYCHOLOGUES?, 6ᵉ éd.
25 Lucien Israel: LE MEDECIN FACE AU MALADE, 5ᵉ éd.
26 Francine Robaye-Geelen: L'ENFANT AU CERVEAU BLESSE, 2ᵉ éd.
27 B.F. Skinner: LA REVOLUTION SCIENTIFIQUE DE L'ENSEIGNEMENT, 3ᵉ éd.
28 Colette Durieu: LA REEDUCATION DES APHASIQUES
29 J.C. Ruwet: ETHOLOGIE: BIOLOGIE DU COMPORTEMENT, 3ᵉ éd.
30 Eugénie De Keyser: ART ET MESURE DE L'ESPACE
32 Ernest Natalis: CARREFOURS PSYCHOPEDAGOGIQUES
33 E. Hartmann: BIOLOGIE DU REVE
34 Georges Bastin: DICTIONNAIRE DE LA PSYCHOLOGIE SEXUELLE
35 Louis Corman: PSYCHO-PATHOLOGIE DE LA RIVALITE FRATERNELLE
36 Dr G. Varenne: L'ABUS DES DROGUES
37 Christian Debuyst, Julienne Joos: L'ENFANT ET L'ADOLESCENT VOLEURS
38 B.-F. Skinner: L'ANALYSE EXPERIMENTALE DU COMPORTEMENT, 2ᵉ éd.
39 D.J. West: HOMOSEXUALITE
40 R. Droz et M. Rahmy: LIRE PIAGET, 3ᵉ éd.
41 José M.R. Delgado: LE CONDITIONNEMENT DU CERVEAU ET LA LIBERTE DE L'ESPRIT
42 Denis Szabo, Denis Gagné, Alice Parizeau: L'ADOLESCENT ET LA SOCIETE, 2ᵉ éd.
43 Pierre Oléron: LANGAGE ET DEVELOPPEMENT MENTAL, 2ᵉ éd.
44 Roger Mucchielli: ANALYSE EXISTENTIELLE ET PSYCHOTHERAPIE PHENO-MENO-STRUCTURALE
45 Gertrud L. Wyatt: LA RELATION MERE-ENFANT ET L'ACQUISITION DU LANGAGE, 2ᵉ éd.
46 Dr Etienne De Greeff: AMOUR ET CRIMES D'AMOUR
47 Louis Corman: L'EDUCATION ECLAIREE PAR LA PSYCHANALYSE
48 Jean-Claude Benoit et Mario Berta: L'ACTIVATION PSYCHOTHERAPIQUE
49 T. Ayllon et N. Azrin: TRAITEMENT COMPORTEMENTAL EN INSTITUTION PSYCHIATRIQUE
50 G. Rucquoy: LA CONSULTATION CONJUGALE
51 R. Titone: LE BILINGUISME PRECOCE
52 G. Kellens: BANQUEROUTE ET BANQUEROUTIERS
53 François Duyckaerts: CONSCIENCE ET PRISE DE CONSCIENCE
54 Jacques Launay, Jacques Levine et Gilbert Maurey: LE REVE EVEILLE-DIRIGE ET L'INCONSCIENT
55 Alain Lieury: LA MEMOIRE
56 Louis Corman: NARCISSISME ET FRUSTRATION D'AMOUR
57 E. Hartmann: LES FONCTIONS DU SOMMEIL

58 Jean-Marie Paisse: L'UNIVERS SYMBOLIQUE DE L'ENFANT ARRIERE MENTAL
59 Jacques Van Rillaer: L'AGRESSIVITE HUMAINE
60 Georges Mounin: LINGUISTIQUE ET TRADUCTION
61 Jérôme Kagan: COMPRENDRE L'ENFANT
62 Michael S. Gazzaniga: LE CERVEAU DEDOUBLE
63 Paul Cazayus: L'APHASIE
64 X. Seron, J.L. Lambert, M. Van der Linden: LA MODIFICATION DU COMPORTEMENT
65 W. Huber: INTRODUCTION A LA PSYCHOLOGIE DE LA PERSONNALITE, 2e éd.
66 Emile Meurice: PSYCHIATRIE ET VIE SOCIALE
67 J. Château, H. Gratiot-Alphandéry, R. Doron et P. Cazayus: LES GRANDES PSYCHOLOGIES MODERNES
68 P. Sifnéos: PSYCHOTHERAPIE BREVE ET CRISE EMOTIONNELLE
69 Marc Richelle: B.F. SKINNER OU LE PERIL BEHAVIORISTE
70 J.P. Bronckart: THEORIES DU LANGAGE
71 Anika Lemaire: JACQUES LACAN, 2e éd. revue et augmentée
72 J.L. Lambert: INTRODUCTION A L'ARRIERATION MENTALE
73 T.G.R. Bower: DEVELOPPEMENT PSYCHOLOGIQUE DE LA PREMIERE ENFANCE
74 J. Rondal: LANGAGE ET EDUCATION
75 Sheila Kitzinger: PREPARER A L'ACCOUCHEMENT
76 Ovide Fontaine: INTRODUCTION AUX THERAPIES COMPORTEMENTALES
77 Jacques-Philippe Leyens: PSYCHOLOGIE SOCIALE, 2e éd.
78 Jean Rondal: VOTRE ENFANT APPREND A PARLER
79 Michel Legrand: LE TEST DE SZONDI
80 H.J. Eysenck: LA NEVROSE ET VOUS
81 Albert Demaret: ETHOLOGIE ET PSYCHIATRIE
82 Jean-Luc Lambert et Jean A. Rondal: LE MONGOLISME
83 Albert Bandura: L'APPRENTISSAGE SOCIAL
84 Xavier Seron: APHASIE ET NEUROPSYCHOLOGIE
85 Roger Rondeau: LES GROUPES EN CRISE?
86 J. Danset-Léger: L'ENFANT ET LES IMAGES DE LA LITTERATURE ENFANTINE
87 Herbert S. Terrace: NIM, UN CHIMPANZE QUI A APPRIS LE LANGAGE GESTUEL
88 Roger Gilbert: BON POUR ENSEIGNER?
89 Wing, Cooper et Sartorius: GUIDE POUR UN EXAMEN PSYCHIATRIQUE
90 Jean Costermans: PSYCHOLOGIE DU LANGAGE
91 Françoise Macar: LE TEMPS, PERSPECTIVES PSYCHOPHYSIOLOGIQUES
92 Jacques Van Rillaer: LES ILLUSIONS DE LA PSYCHANALYSE, 2e éd.
93 Alain Lieury: LES PROCEDES MNEMOTECHNIQUES
94 Georges Thinès: PHENOMENOLOGIE ET SCIENCE DU COMPORTEMENT
95 Rudolph Schaffer: COMPORTEMENT MATERNEL
96 Daniel Stern: MERE ET ENFANT, LES PREMIERES RELATIONS
97 R. Kempe & C. Kempe: L'ENFANCE TORTUREE
98 Jean-Luc Lambert: ENSEIGNEMENT SPECIAL ET HANDICAP MENTAL
99 Jean Morval: INTRODUCTION A LA PSYCHOLOGIE DE L'ENVIRONNEMENT
100 Pierre Oleron et al.: SAVOIRS ET SAVOIR-FAIRE PSYCHOLOGIQUES CHEZ L'ENFANT
101 Bernard I. Murstein: STYLES DE VIE INTIME
102 Rondal/Lambert/Chipman: PSYCHOLINGUISTIQUE ET HANDICAP MENTAL
103 Brédart/Rondal: L'ANALYSE DU LANGAGE CHEZ L'ENFANT
104 David Malan: PSYCHODYNAMIQUE ET PSYCHOTHERAPIE INDIVIDUELLE
105 Philippe Muller: WAGNER PAR SES REVES

106 John Eccles: LE MYSTERE HUMAIN
107 Xavier Seron: REEDUQUER LE CERVEAU
108 Moreau/Richelle: L'ACQUISITION DU LANGAGE
109 Georges Nizard: ANALYSE TRANSACTIONNELLE ET SOIN INFIRMIER
110 Howard Gardner: GRIBOUILLAGES ET DESSINS D'ENFANTS, LEUR SIGNIFICATION
111 Wilson/Otto: LA FEMME MODERNE ET L'ALCOOL
112 Edwards: DESSINER GRACE AU CERVEAU DROIT
113 Rondal: L'INTERACTION ADULTE-ENFANT
114 Blancheteau: L'APPRENTISSAGE CHEZ L'ANIMAL
115 Boutin: FORMATION ET DEVELOPPEMENTS
116 Húsen: L'ECOLE EN QUESTION
117 Ferrero/Besse: L'ENFANT ET SES COMPLEXES
118 R. Bruyer: LE VISAGE ET L'EXPRESSION FACIALE
119 J.P. Leyens: SOMMES-NOUS TOUS DES PSYCHOLOGUES?
120 J. Château: L'INTELLIGENCE OU LES INTELLIGENCES?
121 M. Claes: L'EXPERIENCE ADOLESCENTE
122 J. Hayes et P. Nutman: COMPRENDRE LES CHOMEURS
123 S. Sturdivant: LES FEMMES ET LA PSYCHOTHERAPIE
124 A. Pomerleau et G. Malcuit: L'ENFANT ET SON ENVIRONNEMENT
125 A. Van Hout et X. Seron: L'APHASIE DE L'ENFANT
126 A. Vergote: RELIGION, FOI, INCROYANCE
127 Sivadon/Fernandez-Zoïla: TEMPS DE TRAVAIL, TEMPS DE VIVRE
128 Born: JEUNES DEVIANTS OU DELINQUANTS JUVENILES?
129 Hamers/Blanc: BILINGUALITE ET BILINGUISME
130 Legrand: PSYCHANALYSE, SCIENCE, SOCIETE
131 Le Camus: PRATIQUES PSYCHOMOTRICES
132 Lars Fredén: ASPECTS PSYCHOSOCIAUX DE LA DEPRESSION
133 Mount: LA FAMILLE SUBVERSIVE
134 Magerotte: MANUEL D'EDUCATION COMPORTEMENTALE CLINIQUE
135 Dailly / Moscato: LATERALISATION ET LATERALITE CHEZ L'ENFANT
136 Bonnet / Tamine-Gardes: QUAND L'ENFANT PARLE DU LANGAGE
137 Bruyer: LES SCIENCES HUMAINES ET LES DROITS DE L'HOMME
138 Taulelle: L'ENFANT A LA RENCONTRE DU LANGAGE
139 de Boucaud: PSYCHOLOGIE DE L'ENFANT ASTHMATIQUE
140 Duruz: NARCISSE EN QUETE DE SOI
141 Feyereisen / de Lannoy: PSYCHOLOGIE DU GESTE
142 Florin et Al.: LE LANGAGE A L'ECOLE MATERNELLE

Hors collection

Paisse: PSYCHOPEDAGOGIE DE LA LUCIDITE
Paisse: ESSENCE DU PLATONISME
Collectif: SYSTEME AMDP
Boulangé/Lambert: LES AUTRES, L'EXPRESSION ARTISTIQUE CHEZ LES HANDICAPES MENTAUX

Manuels et Traités

2 Thinès: PSYCHOLOGIE DES ANIMAUX
3 Paulus: LA FONCTION SYMBOLIQUE ET LE LANGAGE
4 Richelle: L'ACQUISITION DU LANGAGE
5 Paulus: REFLEXES-EMOTIONS-INSTINCTS
Droz-Richelle: MANUEL DE PSYCHOLOGIE
Hurtig-Rondal: MANUEL DE PSYCHOLOGIE DE L'ENFANT (Tome 1)
Hurtig-Rondal: MANUEL DE PSYCHOLOGIE DE L'ENFANT (Tome 2)
Hurtig-Rondal: MANUEL DE PSYCHOLOGIE DE L'ENFANT (Tome 3)

Rondal-Seron: LES TROUBLES DU LANGAGE (DIAGNOSTIC ET REEDUCATION)
Fontaine/Cottraux/Ladouceur: CLINIQUES DE THERAPIE COMPORTEMENTALE

Philosophie et langage

Anscombre/Ducrot: L'ARGUMENTATION DANS LA LANGUE
Maingueneau: GENESES DU DISCOURS
Casebeer: HERMANN HESSE
Dominicy: LA NAISSANCE DE LA GRAMMAIRE MODERNE
Borillo: INFORMATIQUE POUR LES SCIENCES DE L'HOMME